O cinema vai à mesa

HISTÓRIAS E RECEITAS

O cinema vai à mesa

HISTÓRIAS E RECEITAS

Rubens Ewald Filho
Nilu Lebert

RECEITAS DOS CHEFS
Adriano Kanashiro • Alessandro Segato • Allan Vila Espejo • Benny Novak
Carlos Siffert • Emmanuel Bassoleil • Erika Okazaki • Fabrice Lenud
Hamilton Mellão • Juscelino Pereira • Luciano Boseggia • Mara Salles
Maria Emília Cunali • Mariana Valentini • Marie-France Henry • Mukesh Chandra
Roberto Strôngoli • Silvia Percussi • Thompson Lee • Waldete Tristão

FOTOGRAFIAS
Helena de Castro

CONSULTORIA ENOGASTRONÔMICA
Didú Russo

**Dados Internacionais de
Catalogação na Publicação (CIP)**
(Câmara Brasileira do Livro, SP, Brasil)

Ewald Filho, Rubens
  O cinema vai à mesa : histórias e receitas / Rubens Ewald Filho, Nilu Lebert , fotografias Helena de Castro ; consultoria enogastronômica Didú Russo. — São Paulo : Editora Melhoramentos, 2007.

  Vários chefs.
  ISBN 978-85-06-05099-6

  1. Cinema e gastronomia 2. Culinária 3. Gastronomia 4. Fotografias I. Lebert, Nilu. II. Castro, Helena de. III. Russo, Didú. IV. Título.

07-5041   CDD-791.43655

    Índices para catálogo sistemático:
    1. Gastronomia no cinema   791.43655

© 2007 Rubens Ewald Filho e Nilu Lebert
© 2007 Editora Melhoramentos
Fotografia: Helena de Castro
Colaboração: Suxxar e M. Dragonetti
Consultoria enogastronômica: Didú Russo
Projeto gráfico de capa e miolo: Creative Brand Advertising
Diagramação: Estúdio Bogari

1.ª edição, 5.ª impressão, setembro de 2011
ISBN: 978-85-06-05099-6
ISBN: 978-85-06-05795-7 (Projeto especial)

Atendimento ao consumidor:
Caixa Postal 11541 – CEP 05049-970
São Paulo – SP – Brasil
Tel.: (11) 3874-0880
www.editoramelhoramentos.com.br
sac@melhoramentos.com.br

Impresso no Brasil
    Cromosete

Agradecimentos

A Breno Lerner, que acreditou no projeto deste livro e viabilizou sua concretização; a toda a equipe da Editora Melhoramentos liderada por Walter Weiszflog, pelo profissionalismo e atenção; à parceria demonstrada pelas distribuidoras dos filmes; a Reinaldo Campos, gerente de marketing da Cultura Inglesa, em cuja sala de cinema realizamos nossa foto. Por fim, e não menos importante, um agradecimento especial à consultora Sueli Waki e aos chefs – por dedicarem seu tempo e talento na execução das receitas dos filmes aqui apresentados.

Rubens Ewald Filho e Nilu Lebert

Sumário

Prefácio de Josimar Melo 7
Apresentação 8

Em cartaz neste livro

Dona Flor e Seus Dois Maridos 10
Quem Está Matando os Grandes Chefes da Europa? ... 20
Tampopo, os Brutos Também Comem Spaghetti 28
A Festa de Babette 34
Sábado, Domingo e Segunda 40
Parente... É Serpente 48
Como Água para Chocolate 54
A Época da Inocência 60
O Cheiro do Papaia Verde 70
Comer, Beber, Viver 76
A Grande Noite 82
O Jantar 90
O Amor Está na Mesa 98

Vatel – um Banquete para o Rei 104
Chocolate 110
Simplesmente Martha 116
O Filho da Noiva 122
Um Casamento à Indiana 128
Casamento Grego 134
O Tempero da Vida 142
Fuso Horário do Amor 148
Maria Antonieta 152
As Férias da Minha Vida 160
Volver 166
Ação de Graças no Cinema 174

Biografias 183
Índice das receitas 191

Moqueca Baiana

CHEF MARA SALLES

Ingredientes

1 kg de peixe em postas
Sal
Gotas de limão
4 dentes de alho picados
4 tomates bem maduros, sem sementes e cortados
   em 8 pedaços
1/2 pimentão verde em cubos grandes
1/2 pimentão vermelho em cubos grandes
2 cebolas médias em cubos grandes
50 ml de azeite de dendê
50 ml de leite de coco
Coentro a gosto

Preparo

Tempere o peixe com sal, limão e alho. Em uma panela de barro, coloque uma camada dos legumes (tomate, pimentões e cebola), salpique sal, coloque os pedaços do peixe e mais uma camada de legumes. Salpique sal. Regue com azeite de dendê e ponha para cozinhar em fogo médio. Ao entrar em completa ebulição, conte 5 minutos – desligue o fogo, regue com o leite de coco e salpique coentro. Sirva borbulhando.

> "Aí está esse prato fino, requintado, da melhor cozinha. Quem o fizer pode gabar-se com razão de ser cozinheira de mão-cheia. Mas, se não tiver competência, é melhor não se meter. Nem todo mundo nasce artista do fogão." – Dona Flor, em uma de suas aulas.

Quem Está Matando os Grandes Chefes da Europa?

Este foi realmente o primeiro filme a consagrar a figura do chef de cozinha, a começar pelo trocadilho do título, sugerindo que sejam os políticos os grandes chefes da Europa. O mais curioso é que o filme foi sucesso de bilheteria também no Brasil, onde hoje é impossível encontrá-lo. São grandes as expectativas em relação a sua refilmagem com Oliver Platt, cujo lançamento está previsto para 2008, mantendo o mesmo título e roteiro de David Goodman.

Tudo começa com a figura muito britânica de Robert Morley, que interpreta o gordo e exagerado editor de uma revista de culinária que tem tido problemas de saúde por causa de seus excessos alimentares. O médico lhe recomenda que mude de hábitos ou irá morrer logo. Há também um personagem americano, dono de uma cadeia de *fast-food*, o Robby (George Segal), um tipo pretensioso (daquele tipo "é por causa de gente assim que odiamos os americanos"), que seqüestra uma bela chef de cozinha especializada em sobremesas e sua ex-mulher (a linda Jacqueline Bisset), enquanto procura um chef para sua nova criação, uma rede de omeletes chamada H. Dumpty (referência a *Alice no País das Maravilhas*).

A história realmente acontece quando alguns famosos chefs de cozinha são assassinados da forma como são preparadas suas especialidades (uma idéia emprestada do filme *As Sete Máscaras da Morte* (*Theater of Blood*, 1973), com Vincent Price e novamente Robert Morley, em que os críticos de teatro eram mortos como os personagens das peças de Shakespeare). Os chefs que sobrevivem são chamados para ajudar a resolver o mistério e descobrir quem será a próxima vítima. Ou seja, é uma mistura de comédia, mistério, humor negro, assassinato e *food film* (um gênero de que é precursor). Por isso, o roteiro é assinado por um especialista no gênero suspense: Peter Stone (de *Charada*), indicado por esse filme ao prêmio do Sindicato de Roteiristas, enquanto Jacqueline Bisset e Morley foram indicados ao Globo de Ouro. Alguém quer tentar a mistura?

QUEM ESTÁ MATANDO OS GRANDES CHEFES DA EUROPA?

FICHA TÉCNICA
Quem Está Matando os Grandes Chefes da Europa? **(Who's Killing the Great Chefs of Europe?) Inglaterra/Alemanha/França, 1978. Diretor: Ted Kotcheff. Elenco: George Segal, Jacqueline Bisset, Robert Morley, Jean-Pierre Cassel, Philippe Noiret, Jean Rochefort, Gigi Proeitti, Steffano Satta Flores, Madge Ryan, Frank Windsor, Peter Sallis, Jacques Marin, Jean Gaven, Joss Ackland. Roteiro: Peter Stone e Ivan Lyons (baseado em livro de Nan Lyons). Música: Henry Mancini. Fotografia: John Alcott. Montagem: Thom Noble. Direção de arte: Rolf Zehetbauer. Lorimar. 112 min.**

Na ponta da língua

De médico e louco (e agora de crítico de gastronomia), todos nós temos um pouco. No século XXI, o ditado ganhou essa nova "especialidade" e muita gente se diz (e se sente) capaz de analisar e censurar receitas, pratos e restaurantes.

Na realidade, os críticos e editores de revistas de gastronomia são personagens curiosos, sejam os do filme ou os da vida real. Algumas vezes, são temidos e, em outras, endeusados. Mas serão mesmo detentores do poder de fazer (e desfazer) a reputação das mesas ou essa é uma imagem incutida e que lhes foi atribuída gratuitamente? Ruth Reichl, autora do livro *Alho e Safras* (Editora Objetiva, 2006), que durante anos foi crítica de gastronomia do jornal *New York Times*, relata em seu livro que se via obrigada a criar disfarces para passar despercebida em suas idas aos restaurantes de Manhattan e, assim, poder avaliá-los imparcialmente. "Todo restaurante é um teatro.

Até os restaurantes mais simples nos oferecem a oportunidade de nos tornarmos outras pessoas e de nos libertarmos da realidade mundana, pelo menos por algum tempo", escreve a autora.

Os grandes chefs da Europa que são eliminados (no filme) executam sua arte em restaurantes estrelados, usam ingredientes exponenciais, têm equipamentos de última geração, decoração esmerada, equipes/súditos competentes e profissionalismo a toda prova. Resultado? Cardápios concisos, bem elaborados e executados com maestria, para nenhum crítico botar defeito. Um sonho impossível? Nada disso. O filme se passa na Europa, em restaurantes de classe A. A figura do editor da revista é propositadamente caricata nessa proposta que é, unicamente, a de divertir o público acrescentando pitadas de crime e mistério aos pratos. Longe desses últimos ingredientes, na prática diária da arte da gastronomia aqui no Brasil são muitos os restaurantes valorizados pelo público e consagrados pela crítica que poderiam integrar a lista dos cinco estrelas mostrada no filme.

É claro que vamos resistir ao desejo de nomeá-los, mesmo porque você, que chegou até aqui, também é um crítico gastronômico ou um cozinheiro em potencial e já elegeu os seus preferidos. Mas, caso queira exercitar suas qualidades de chef, fica aqui um cardápio/sugestão para um jantar inesquecível. Para fazer em casa ou degustar em restaurantes.

RECEITAS

Crepes Suzette

CHEF MARIE-FRANCE HENRY

Ingredientes para a massa
100 g de farinha de trigo peneirada
3 ovos
230 ml de leite
1/2 colher de sopa de óleo de canola ou girassol
1 pitada de sal

Preparo da massa
Leve ao liquidificador todos os ingredientes da massa e bata até que a mistura fique homogênea. Unte com manteiga uma frigideira antiaderente de aproximadamente 10 cm de diâmetro. Aqueça bem a panela e coloque um pouco da massa, até que ela cubra todo o fundo da frigideira numa espessura de três milímetros. Quando a panqueca se desprender do fundo da frigideira, vire-a. Repita até o fim da massa. Quando todas estiverem prontas, dobre-as em formato de triângulo e reserve.

Ingredientes para a calda
80 g de manteiga
400 ml de suco de laranja
200 g de açúcar
80 ml de Grand Marnier

Preparo da calda
Leve o açúcar a uma frigideira antiaderente, em fogo médio, até que derreta. Acrescente a manteiga e, após alguns minutos, o suco de laranja e o licor. Flambe no momento de servir.

Mil-folhas de Brandade de Bacalhau

CHEF MARIE-FRANCE HENRY

Ingredientes para o mil-folhas

8 quadrados de 5 cm x 5 cm de massa folhada
1 gema
10 ml de água

Ingredientes para a brandade

320 g de bacalhau dessalgado, desfiado e cozido
100 ml de creme de leite fresco
Salsinha a gosto
Sal e pimenta a gosto

Ingredientes para o acompanhamento

4 miniabobrinhas cortadas ao meio
4 miniberinjelas cortadas ao meio
4 tomates-cereja cortados ao meio
4 aspargos finos
80 ml de azeite
Sal e pimenta a gosto

Preparo

Coloque os quadrados de massa folhada em uma assadeira, pincele com a mistura de gema e água e leve ao forno previamente aquecido a 180°C até dourar. Reserve em local aquecido. Junte o bacalhau desfiado ao creme de leite fresco e à salsinha. Mexa bem até que a mistura fique homogênea. Acrescente sal e pimenta a gosto. Reserve em local quente. Em frigideira antiaderente, aqueça o azeite e doure os minilegumes.

Montagem

Abra os quadrados de massa folhada no sentido horizontal e sobre cada um deles coloque a brandade de bacalhau. Em cada prato, monte as mil-folhas, alternando massa e brandade. Corte ao meio os minilegumes e decore o prato, alternando-os ao lado do mil-folhas. O aspargo pode ser colocado em pé, ao lado. Sirva quente e decore com azeite de ervas.

Nos copos

A combinação mais comum de vinho e bacalhau no Brasil é com o vinho verde do Minho. Mas, como dizem os "escanções", nomes dos sommeliers em Portugal, "Vinho verde com bacalhau é coisa de português no Brasil ou brasileiro em Portugal". Bacalhau come-se acompanhado por um tinto da Bairrada, feito com as uvas Baga. Uma boa sugestão é o Luis Pato, um tinto seco e encorpado, com a acidez desejada para uma perfeita harmonia com a untuosidade das mil folhas de bacalhau. Se preferir um vinho nacional, mais acessível, experimente o Quinta do Seival Castas Portuguesas, das castas: Touriga Nacional, Afroucheiro e Tinta Roriz.

Estrela da cozinha francesa, o clássico "Coq au vin" surgiu nas imediações da cidade de Clermond-Ferrand, na região rural da Auvergne. Segundo a lenda, durante a batalha entre os homens de Vercingétorix, chefe dos celtas, e o exército romano de Júlio César, entre 58 e 51 a. C., o herói francês acabou sendo acuado no desfiladeiro de Puy-de-Dôme. Para simbolizar sua rendição, Vercingétorix enviou um galo de briga a César, o que resultou num convite para jantarem juntos. Quer saber qual foi o cardápio? Galo cozido no vinho do terroir! Tradicionalmente, o prato era preparado com galos reprodutores, abatidos já velhos, quando não cumpriam mais sua função. Hoje, a receita é geralmente elaborada com galinha, se possível caipira e não de granja.

Frango ao Vinho (coq au vin)

CHEF MARIE-FRANCE HENRY

Ingredientes

1 galinha caipira de 2 kg cortada em oito pedaços
1 litro de vinho tinto seco (de preferência, um
　 Chambertin da Borgonha)
500 ml de caldo de galinha
1 cenoura cortada em rodelas
1 cebola
1 alho-poró
2 dentes de alho
1 folha de louro
1 ramo de tomilho
1 ramo de alecrim
120 g de champignons de Paris
100 g de bacon, cortado em cubos e frito
3 ramos de salsinha
1 colher de sopa cheia de farinha de trigo
Sal e pimenta-do-reino a gosto
Óleo de canola ou girassol

Preparo

Em uma travessa grande, coloque a galinha, a cebola, o alho-poró, a cenoura, o alho e as ervas aromáticas, e deixe marinar no vinho tinto durante uma noite. Retire os pedaços da galinha e reserve a marinada. Doure os pedaços de bacon e a galinha em uma panela funda, com óleo bem quente. Em seguida, acrescente a farinha de trigo e mexa bem. Adicione a marinada e o caldo de galinha (bem quente) e não pare de mexer até que ferva. Tampe a panela e deixe-a em fogo baixo até o cozimento total da carne. Retire a carne e o bacon e reserve. Peneire o molho. Aqueça novamente o molho e acrescente, na seguinte ordem: a galinha, os champignons cozidos, o bacon frito e, por último, as cebolas glacées. Sirva bem quente.

Ingredientes para as cebolas glacées

12 cebolas pequenas
Sal, manteiga e açúcar

Preparo

Cozinhe 12 cebolas (pequenas e descascadas) em água, sal, manteiga e açúcar, até que se forme na panela uma calda caramelizada que envolva as cebolas. Reserve.

Decoração

4 ramos de alecrim (ou tomilho)

Coloque dois pedaços de galinha em cada prato, com as cebolas e champignons em volta. Acrescente o molho e decore com um ramo de alecrim.

Nos copos

Para o Coq au Vin, sugere-se seguir o conselho dos nossos chefs de sempre usar na receita o vinho que se tomará à mesa e, para esse prato, sem dúvida alguma, cai-se nas castas francesas da Provence, local de onde se origina o prato. São castas como Carignan, Cinsault, Grenache, Mouvèdre, Syrah e Tibouren. Entre as boas escolhas, o Château des Chaberts. Para prestigiar nossos vinhos, o Egiodolá da Pizzato é uma excelente opção.

Tampopo, os Brutos Também Comem Spaghetti

Descoberto no Brasil, durante uma Mostra Internacional de São Paulo, o filme acabou se tornando *cult* justamente num momento em que a comida japonesa estava se popularizando no mundo ocidental, e por aqui também. Mas está longe de ser um filme fácil (ganhou prêmios da Academia Japonesa nas categorias som e montagem e foi indicado ao Independent Film Awards como melhor filme estrangeiro). Chega mesmo a ser desconcertante, com sua narrativa fragmentada, seu humor variando entre o alegórico e o explícito. Mas, e justamente por isso, é um filme fascinante e cheio de histórias.

Não dê grande atenção ao título nacional, que enfatiza o evidente: o filme foi concebido como uma sátira ao faroeste clássico, *Os Brutos Também Amam* (*Shane*, 1953, George Stevens), na qual Alan Ladd interpreta o *cowboy* Shane – que chega a um povoado, resolve os problemas dos amigos e vai embora. Daí o nome de brutos. Mas difícil de entender é o espaguete, pois as legendas (do VHS, o filme não saiu ainda em DVD) identificam a comida como "talharim". Na verdade, trata-se de ramen ou lamen (os americanos a chamam de *noodle soup*), coisa muito mais complexa e elaborada, como o filme faz questão de mostrar.

A história mais chocante é a do próprio realizador, Juzo Itami (1933-1997). Diretor e ator japonês de enorme popularidade em seu país, onde também escreveu livros e ensaios (*Ouçam Mulheres* foi *best-seller* no Japão), foi tradutor de livros de língua inglesa, ator em novelas e apresentador de programas de televisão. Nascido em Kyoto, era filho do cineasta Mansaku Itami. Começou a carreira como ator em 1959, trabalhando não apenas no Japão, mas também nos Estados Unidos, em filmes como *55 Dias em Peking* (de Nicholas Ray) e *Lord Jim* (de Richard Brooks). Estreou na direção em 1985, mas a consagração mundial veio com o gastronômico e divertido *Tampopo*, o primeiro filme japonês – fora os de Kurosawa – a penetrar no fechado mercado de cinema de arte dos Estados Unidos.

TAMPOPO, OS BRUTOS TAMBÉM COMEM SPAGHETTI

FICHA TÉCNICA
Tampopo, os Brutos Também Comem Spaghetti (*Tampopo*). **Japão, 1985. Diretor e roteirista: Juzo Itami. Elenco: Tsutomu Yamazaki, Nobuko Miyamoto, Ken Wanatabe, Koji Yakusho, Rikiya Yasuoka, Mario Abe, Izumi Hara, Kenso Kato, Yoshi Kato. Música: Kunihiko Murai. Fotografia: Masaki Tamura. Montagem: Akira Suzuki. Food Designer: Izumi Ishimori. Look Vídeo. 114 min. Disponível nas locadoras.**

Também foram exibidos no Brasil outros filmes dele: *O Funeral* (*Ososhiki*, 1985); *A Coletora de Impostos* (*Marusa No Onna*, 1987); *A Volta da Coletora de Impostos* (*Marusa No Onna 2*, 1988); *A Arte da Extorsão* (*Minbo no Onna*, 1992). Casado com a estrela de quase todos os seus filmes, Nobuko Miyamoto (1945-), provocou a fúria da máfia local, a Yakuza, quando a satirizou em *A Arte da Extorsão*. Perseguido por eles, acabou morrendo quando caiu do terraço de seu apartamento. Falou-se em suicídio (ele estaria tendo um caso adúltero e deixou uma nota negando isso), mas resta a suspeita de vingança e assassinato. Não deixa de ser sinistro pensar que Itami teria sido assassinado justamente por uma figura igual a que mostra no filme, um gangsterzinho de terno branco.

Outra curiosidade: um dos atores centrais do filme, que vive o papel de Gun, depois de vencer a leucemia duas vezes, acabou se tornando o astro japonês mais famoso no Ocidente: Ken Watanabe, que estrelou *O Último Samurai*, *Batman Begins*, *Memórias de uma Gueixa* e *Cartas de Iwo Jima*.

Tampopo é o nome da personagem central feminina (e também um nome de flor, dente-de-leão, aquela que a gente sopra e sai voando ao vento) e eventualmente também será o nome do restaurante que ela vai abrir.

A cena inicial se dá com o gângster, que entra numa sala de cinema, senta-se na primeira fileira (com capangas, comidas e bebidas) e, discursando diretamente para a câmera, confessa sua raiva contra os espectadores que fazem barulho com saquinhos de batatas chips. Dali em diante, de tempos em tempos, ele retornará em vinhetas, usando comida para alegorias sexuais. Algumas são bem claras: uma gema de ovo passa de boca em boca com sua garota, até escorrer dos lábios dela, ou a de uma ostra ofertada por uma pescadora adolescente, que será manchada por um fio de sangue. Mas esse personagem não está presente na alegoria mais esquisita: quando um homem mais velho oferece um sorvete em formato fálico para um menino pequeno (eu nunca afirmei que tudo era de bom gosto).

Mas é o suficiente para deixar clara a intenção: criar um paralelo entre sexo e comida a partir de uma história central, a do caminhoneiro (seu parceiro terá pouca importância) que se afeiçoa a uma modesta dona de restaurante. Ela aos poucos nos ensina os segredos do bom ramen – que é cheio de mistérios. Começa pela maneira certa de degustá-lo e, depois, apresenta variantes tão complexas quanto o calor exato da água (nunca fervente) ou a espessura da fatia de carne de porco. O tempo necessário para preparar e servir o prato também conta. Tudo isso apresentado numa odisséia bem-humorada que inclui visita a um grande chef que vive entre os sem-teto (todos eles gourmets!), suborno para espiar preparações secretas, mil e uma peripécias (também para transformar e reformar o visual do lugar), até atingir a meta: o ramen (lamen) perfeito.

Só mesmo a cultura japonesa com sua obsessão pela perfeição e sobriedade poderia servir para essa história, que funciona como se fosse uma religião gastronômica. E, o que é ainda mais raro, num filme muito engraçado. Como grande parte dos *food films*, este também foi refeito pelos americanos. Chama-se *The Ramen Girl* (2007), dirigido por Robert Allen Ackerman, com Brittany Murphy, Tammy Blanchard e Toshiyuki Nishjida. Sua frase promocional é a sintomática: "Na comida, como no amor, o ingrediente que falta é o amor!". O enredo é sobre uma garota americana que fica em Tóquio e acaba sendo treinada na arte do macarrão japonês por um tirânico chef de cozinha.

Em busca da perfeição

No país do sol nascente, reverenciar o universo por intermédio do refinamento e da simplicidade dos pratos é também uma forma de mostrar respeito pela natureza. Tanto é assim que as diferentes estações do ano determinam (além da escolha dos ingredientes) a escolha das louças e dos demais acessórios usados. Formas, cores e materiais se integram na busca de perfeita harmonização, incluindo as flores, folhas e ervas que decoram as mesas e sinalizam a época do ano.

Toda essa delicadeza está tão distante da cozinheira Tampopo – em sua obsessiva procura pelo lamen perfeito – quanto nas cenas em que ingredientes culinários são usados para "apimentar" o ato sexual. No filme, pouco vemos (ou pouco nos é informado) a riqueza gastronômica japonesa que, ao contrário do que observamos, obedece a limites territoriais e possui muitas variantes. Basta lembrar que na cidade portuária de Kobe a vitela é muito consumida em razão de sua maciez, resultante da alimentação dada aos animais. Esta inclui, acredite, generosas doses de cerveja, para garantir uma textura aveludada à carne.

Os pilares da culinária japonesa são o arroz, o chá, a soja e o peixe, além das verduras, amplamente consumidas. Lá, quase não se faz uso do leite e de seus derivados. O queijo nacional é o tofu, feito de leite de soja. Ele vai à mesa em qualquer estação do ano: no inverno, é servido assado, frito ou derretido pelo calor das sopas, e, no verão, bem gelado, com cebolinha picada e molho de soja.

Em *Tampopo*, a protagonista é a massa japonesa, genericamente chamada de *men*. Contrariando a lição que a professora de etiqueta dá no filme, é impossível evitar os barulhos (do tipo *slurrp*, *chup-chup* etc.). Os sons fazem parte do ritual de quem aprecia o macarrão à moda nipônica. Ou seja: abocanhar massa e molho ao mesmo tempo.

A base de todos os caldos (com incontáveis versões) é o dashi, uma infusão que contém algas, saquê adocicado, peixe seco e shoyu. Depois, bem, depois vale tudo: camarão, carne suína, bovina, de galinha, à escolha do freguês.

Mudam os ingredientes do caldo, mudam as massas. O macarrão soba é à base de trigo sarraceno e é servido quente ou gelado; o udon, de farinha branca, pode ser encontrado fresco ou seco; o sômen é bem fininho, quase um cabelo-de-anjo japonês; o harusame, para ser servido gelado, é uma massa feita de feijão-verde e, finalmente, existe o lamen, originário da China, porém muito difundido no Japão.

RECEITA

Sueli Waki, autoridade em gastronomia japonesa, sugere que os iniciantes no preparo de pratos japoneses experimentem a nikomi udon, uma sopa nutritiva e leve para ser servida como prato principal.

Sopa Nikomi Udon

CHEF ADRIANO KANASHIRO

Ingredientes

400 g de macarrão udon
200 g peito de frango em cubos
1 maço de horenso (tipo espinafre)
Cebolinha picada
250 g de cogumelos (shiitake, shimeji)
4 ovos
Alga nori, finamente cortada, e gengibre ralado para guarnição

Ingredientes para a sopa (Caldo Dashi)

3 litros de água mineral fria
1 pedaço pequeno (10 cm) de konbu* (não é preciso lavar a alga)
35 g de iriko n.º 2 (pequenos peixes secos)
1 colher de sopa de hondashi (tempero à base de peixe)
1 colher de sopa de açúcar
1 colher de sopa de sal (rasa)
2 colheres de sopa de shoyu (o suficiente para dar cor)
2 colheres de sopa de saquê para uso culinário
1 colher de chá de mel
1 colher de sopa de vinagre de arroz
* konbu = alga marinha grande vendida seca como dashi konbu para caldos

Preparo da sopa

Coloque os três primeiros ingredientes numa panela (não é preciso tampar) e deixe levantar fervura. Após 5 minutos de fervura, coe o caldo. Depois de coado, volte o caldo ao fogo e acrescente os demais ingredientes.

Preparo final

Cozinhe o macarrão, escorra-o sob água corrente e reserve. Cozinhe os cubos de frango no caldo, acrescente o horenso e corrija o tempero. Reaqueça o macarrão cozido, jogando água quente sobre ele. Distribua o macarrão em tigelas individuais e coloque caldo sobre ele. Acrescente os ovos e guarneça com cebolinha, gengibre e alga nori. Pode-se servir com shichimi togarashi, tempero em pó que contém a mistura de sete ingredientes: pimenta malagueta, gergelim, papoula, linho, shiso (erva), sansho (pimenta japonesa com aroma de menta) e nori (alga seca). Esse tempero realça o sabor do prato. Os ingredientes são encontrados em mercearias e lojas especializadas em produtos japoneses.

A Festa de Babette

Uma fita bonita, extremamente delicada e modesta, mas também inteligente e original que acabou se tornando referência para qualquer gourmet. Baseada em conto da vencedora do Nobel Isak Dinesen – biografada em *Entre Dois Amores* (*Out of Africa*, 1985, de Sidney Pollack, com Meryl Streep) –, esta produção modesta foi descoberta e surpreendentemente premiada com o Oscar de filme estrangeiro (e também o Bafta inglês) além de mais seis premiações importantes. O diretor, Gabriel Axel (1918-), já era um veterano que havia feito de tudo antes, até documentário sobre pornografia (depois de *Babette* sua carreira não deslanchou, apesar de termos visto suas fitas seguintes, *Prince of Jutland* – adaptação de Hamlet de 1994, com Christian Bale, Helen Mirren – e *Christian*, 1989 –, sobre um músico em crise.

Bem de acordo com a temática sóbria e puritana, Axel optou por uma narrativa discreta e sem floreios. Os personagens nos são apresentados pela voz da narradora que, logo no começo, faz uma longa digressão para contar, em *flashback*, os percalços amorosos da juventude que deixaram as duas velhas solitárias vivendo num canto remoto da Dinamarca e se dedicando à caridade. A história é de uma simplicidade encantadora, passada numa vila da Jutlândia, em 1854, e narra como as duas filhas de um pregador ficam solteiras depois de romances frustrados. Anos depois, recolhem Babette, uma francesa refugiada que será criada das duas. Quando a jovem ganha na loteria, prepara para os patrões, como forma de agradecimento, um banquete requintadíssimo no qual coloca a gastronomia na categoria de grande arte. O filme começa devagar e, aos poucos, vai envolvendo e conquistando o espectador. O conto que deu origem ao roteiro está incluído no livro *Anedotas do destino* – um título que até caberia bem como título de *A Festa de Babette*.

No elenco, os artistas mais conhecidos são a francesa Stéphane Audran (estrela da Nouvelle Vague e ex-mulher do diretor Claude Chabrol) e, num papel pequeno, como uma mulher da Corte da Suécia que visita o cantor parisiense no camarim, a sueca Bibi Andersson (que foi estrela de muitas fitas de Ingmar Bergman).

FICHA TÉCNICA
A Festa de Babettte (*Babettes Gaestebud*).
Dinamarca/França, 1987. Diretor e roteirista:
Gabriel Axel, (baseado em conto de Karen
Blixen – que escrevia como Isak Dinesen).
Elenco: Stéphane Audran, Bibi Andersson,
Jean-Philippe Lafont, Hanne Stesnbaard, Bodil
Kjer, Birgittte Federspiel, Jarl Kulle. Música:
Per Norgaard. Fotografia: Henning Kristiansen.
Montagem: Finn Henriksen. Direção de arte:
Jan Petersen, Sven Wichman. Playarte.
103 min. Disponível nas locadoras.

Até hoje restaurantes de classe procuram emular as receitas do "festim" de Babette (um filme quase simetricamente oposto ao *A Comilança*), e filmes menores seguem sua trilha (como *Chocolate*). Um clássico.

Felicidade sem culpa

Se na premiação do Oscar existisse a categoria *food films*, certamente *A Festa de Babette* não teria concorrente. Nele, é possível assistir ao processo criativo e interativo que a arte culinária requer, coisa que fotos ou receitas não conseguem transmitir. O filme captura, com detalhes, técnicas da cozinha francesa clássica em um misto de celebração e oferenda dos prazeres da mesa.

A Festa de Babette apresenta um diferencial importante: desfaz o equívoco que associa o aspecto sensorial ao sexual, usando para isso uma comunidade puritana dinamarquesa habituada a relacionar (e confundir) prazer com pecado. Ao longo do filme, o sensorial se impõe. Invade o palato, os olhos, as narinas, alegra o coração e, finalmente, rompe inibições e preconceitos, até ser claramente desvinculado do pecado. Babette usa a gastronomia como elemento transformador, capaz de revelar uma nova faceta do Divino. Cozinhar com a alma, impregnando de amor os alimentos, adquire *status* de alquimia, de feitiçaria. E provar dessas iguarias é ser enfeitiçado.

Babette conhecia os segredos de produzir alegria pela comida. Sabia também que, depois de comer seus pratos, as pessoas não seriam as mesmas. Os convidados para o banquete também intuíam isso, mas tinham medo de sucumbir aos prazeres do palato, como se ele fosse impuro, demoníaco até. Na festa de Babette, a "bruxaria" tem efeito pacificador: os sabores amaciam velhas rixas, a dureza do corpo e até das

Chefs mulheres que entraram para a história da Gastronomia

• *Hannah Glasse* (Inglaterra, 1708-1770), autora do livro *The Art of Cookery*. Nas primeiras edições, seu nome aparece como H. Glasse, uma vez que um nome feminino não daria credibilidade a um livro de gastronomia naquela época.

• *Amelia Simmons* (Estados Unidos, final do século XVIII) escreveu o primeiro livro de cozinha tipicamente norte-americana. Na época, os livros de culinária disponíveis na América eram ingleses. Amelia reuniu 130 receitas salgadas e doces, tais como *puddings*, conservas e tortas.

• *Isabella Beeton* (Inglaterra, 1836-1865), uma das primeiras jornalistas na área da gastronomia. Em 1856 teve seu primeiro emprego no *The Englishwoman's Domestic Magazine*, uma publicação destinada à classe média, onde divulgava receitas econômicas e ensinava a reaproveitar produtos.

• *Fannie Farmer* (Estados Unidos, 1857-1915) foi diretora da *Boston Cooking School* e, posteriormente, fundou a própria escola, a *Miss Farmer School of Cookery*. É autora do livro *The Original Fannie Farmer Cook Book* (1896).

rugas se desfaz, alisadas pelo paladar. As máscaras caem, e os rostos, endurecidos, ganham expressão, cor, sorrisos, simpatia. Ganham humanidade. O céu estava ali, naquela mesa, e era possível perceber isso sem morrer. Conclusão? O paraíso terreal existe nos raros momentos de magia e encantamento, aqueles em que nos tornamos crianças outra vez.

Terminado o banquete, já na rua, os convidados se dão as mãos numa grande roda e cantam como nunca haviam cantado. Finalmente se deram conta de que é possível ser feliz sem culpa, no palco daquela fábula que exalta a *ancienne cuisine* francesa como nunca antes mostrada no cinema. Outra grande revelação é que Babette havia sido chef no famoso Café Anglais, um estabelecimento criado em 1802 no Boulevard des Italiens, em Paris. Ele se transformou em restaurante em 1822, e foi considerado o melhor entre os melhores, sendo freqüentado pela nata européia que disputava suas mesas para saborear os assados e grelhados da casa. O Café foi demolido em 1913, mas até hoje é referência da alta gastronomia francesa.

O cardápio de Babette, do começo ao fim, é um desfile de puras delícias. Entre elas, Potage à la Tortue (sopa de tartaruga); Blinis Demidoff au Caviar, servido com creme de elite azedo; Caille em Sarcophage com molho perigourdine (codorna recheada com foie gras e trufas negras dentro da massa folhada); salada; queijos, Savarin e frutas frescas. Aliás, a sobremesa Savarin tem esse nome em homenagem ao escritor Jean-Anthelme Brillat-Savarin (1755-1826). Para brindar tão requintado banquete, só mesmo o melhor: Jerez amontillado; Champanhe Veuve Clicquot 1860; vinho tinto Clos de Vougeot 1845 e Armagnac Vieux Marc, como é sugerido no filme.

RECEITAS

Savarin

Chef Erika Okazaki

Ingredientes do doce
100 g de farinha
115 ml de leite
15 g de fermento biológico
130 g de manteiga
30 g de açúcar
200 g de farinha de trigo
1 colher de chá de sal
4 ovos

Preparo do doce
Misture a farinha com o leite morno e o fermento. Deixe descansar até dobrar de volume. Bata a mistura na batedeira com o restante dos ingredientes até obter uma massa homogênea (mais ou menos 15 minutos). Coloque em forma untada e deixe crescer novamente. Leve para assar a 180ºC até dourar.

Ingredientes para a calda
2 xícaras de água
1 1/2 xícara de açúcar
Casca ralada de 1 laranja
Casca ralada de 1 limão
1 pau de canela
3 colheres de sopa de rum
2 colheres de sopa de licor de laranja

Preparo da calda
Leve ao fogo a água com o açúcar, as cascas de laranja e limão e a canela. Adicione o rum e o licor de laranja e deixe atingir o ponto de fio. Derrame a calda morna sobre o Savarin e sirva em seguida.

Blinis com Caviar e Creme de Leite

CHEF EMMANUEL BASSOLEIL

Ingredientes para o blinis

12 g de fermento
1 pitada de sal
1 colher de chá de açúcar
1 ovo inteiro
500 ml de leite morno
300 g farinha de trigo
2 claras em neve
2 colheres de sopa de óleo para fritar
2 colheres de sopa de manteiga

Para acompanhar

60 g / 80 g de caviar

Preparo do blinis

Em um recipiente, junte o fermento, o sal e o açúcar e misture bem até formar um creme. Adicione o ovo, a manteiga e o leite morno, mexendo sem parar. Aos poucos, e sem parar de mexer, acrescente a farinha até a mistura ficar homogênea. Descanse a massa por aproximadamente 3 horas, até dobrar de volume. Acrescente delicadamente as duas claras em neve à massa. Aqueça uma frigideira antiaderente, acrescente o óleo e, com uma concha, despeje pequenas quantidades da massa fazendo o formato de pequenas panquecas. Frite dos dois lados.

Ingredientes para o creme azedo

150 ml de creme de leite fresco
50 ml de iogurte natural
Suco de 1 limão siciliano
Salsinha e cebolinha bem picadas a gosto
Sal e pimenta a gosto

Preparo do creme azedo

Em um recipiente, bata o creme de leite até ficar em ponto de chantili. Delicadamente acrescente o iogurte em movimentos envolventes, para que a mistura não desmonte. Em seguida, acrescente o suco de limão, a salsinha e a cebolinha, o sal e a pimenta a gosto. Sirva frio.

Montagem

Disponha o caviar sobre os blinis e, ao lado, o creme de leite.

O esturjão é um peixe em extinção. Sugerimos, em vez do caviar feito das ovas do esturjão, que utilize nessa receita ovas de salmão.

Sábado, Domingo e Segunda

Parece muito lógico que seja o cinema italiano aquele que melhor retrata o prazer de uma boa refeição, de preferência em família, na qual, numa espécie de ritual religioso, se reúnem o clã, amigos e agregados para saborear a especialidade da matriarca. Sempre há uma *nonna*, ou mesmo uma mãe, vivendo o papel da sacerdotisa, quem tem a honra de presidir as cerimônias dionisíacas.

Um dos melhores exemplos desse culto é oferecido por *Sábado, Domingo e Segunda* (*Sabato, Domenica e Lunedì*, de 1990), feito originalmente para televisão e lançado aqui em DVD (da Versátil), adaptação de um famoso texto teatral de Eduardo di Filippo (1900-1984). O filme foi refilmado em 2005 por Paulo Sorrentino, com Anna Bonaiuto e Toni Servillo nos papéis principais. A primeira versão, com Sophia Loren, bem de acordo com sua temática, foi um trabalho em família. A estrela Loren nasceu, de fato, na cidade de Pozzuoli, perto de Nápoles, onde transcorre a história e a película foi filmada. A locação é muito especial, porque aquela região sofre tremores de terra (fica perto do Vesúvio) e tem costumes particulares (como o culto a deuses pagãos, como a Grande Mãe do Mar). O filme foi produzido pelo marido de Sophia, Carlo Ponti, e pelo filho deles, Alex Ponti. A direção é de sua velha amiga, Lina Wertmüller, com quem ela deveria ter rodado no Brasil o filme *Teresa Batista Cansada de Guerra*, baseado no romance homônimo de Jorge Amado (o projeto foi interrompido porque Sophia teve de passar uma temporada na cadeia acusada de ter fraudado o fisco italiano). Lina, que

FICHA TÉCNICA
Sábado, Domingo e Segunda (*Sabato, Domenica e Lunedí*). Itália, 1990. Diretora: Lina Wertmüller. Produtor: Alex Ponti. Roteiro: Raffaele La Capria e Lina Wertmüller (baseado em peça teatral de Eduardo di Filippo). Música: Pino D'Angiò, Greco e Antonio Sinagra. Fotografia: Carlo Tafani. Desenho de Produção: Enrico Job. Direção de Arte: Gianni Giovagnoni. Figurino: Gino Persico. Edição: Pierluigi Leona. Versátil. 119 min. Disponível nas locadoras.

SÁBADO, DOMINGO E SEGUNDA

obteve a honra de ter sido a primeira mulher a ser indicada ao Oscar de melhor direção (*Pasqualino Sete Belezas*, de 1975), se reencontrou com Sophia posteriormente em outras três produções. O diretor de arte, Enrico Job, é marido da diretora.

No elenco, a sobrinha de Sophia, Alessandra Mussolini (que por sinal canta e bem!), atua como a filha da protagonista. Também no papel central masculino, no personagem que seu pai Eduardo criou, está Luca di Filippo (famoso no teatro e televisão). Por sua vez, Sophia já havia interpretado, nas telas, outros textos de Eduardo: *Matrimônio à Italiana* (1964), versão da peça *Filumena Marturano*, e vivendo o personagem Adelina em um dos episódios de *Ontem, Hoje e Amanhã* (1963), ambos de Vittorio De Sica. Trabalhou ainda em *Fantasmas à Italiana* (*Questi Fantasmi*), de Renato Castellani (1968).

Mas o que importa é que o filme se passa em um daqueles almoços familiares tradicionais, bem italianos, que ainda é preservado em muitas famílias (o título se refere à preparação e às conseqüências deste grande repasto).

A primeira seqüência é emblemática: Rosa Priore (Sophia), mãe de três filhos já adultos e mulher de Don Peppino Priore, abastado comerciante de tecidos e chapéus (que herdou do sogro agora esclerosado), vai às compras atrás dos ingredientes para fazer o tradicional ragu (traduzido nas legendas como guisado) napolitano. Num bate-boca com as outras freguesas, já fica claro qual é a verdadeira receita do prato e o desprezo devotado àqueles ditos modernos, os que não a seguem.

No teatro, na montagem original e na brasileira de 2005, o grande prazer é a preparação do prato com todo o cuidado, carinho e amor. E o olfato da platéia é despertado com o odor do molho sendo preparado ali, ao vivo. Ao final, o ragu é degustado

com prazer pelos atores, provocando, literalmente, a fome dos espectadores. Na versão cinematográfica de Sophia Loren, a diretora procurou dar maior ação, realizando alguns *flashbacks* do casal jovem, procurando externas pitorescas, mas sem trair o essencial. Essa é uma antiquada história napolitana (ou seja, sempre marcada por muita gritaria entre mulheres, que pode degenerar em pancadaria), em tom de comédia (portanto, recheada de mal-entendidos e confusões), em que alguns valores podem parecer ultrapassados. Um dos momentos mais tocantes é justamente a causa do ressentimento de Dona Rosa com o marido. Ele elogiou por demais o espaguete à siciliana feito pela nora, o que a magoou muito. "Como ele pode dizer que foi o melhor que já comeu? E todos os anos que me devotei à arte culinária?", se pergunta Loren. Logo ela, que vive para agradar e cuidar da família, a exemplo das honradas *mammas* da Itália fascista? Vale lembrar que a ação se passa nos anos 1930, antes da Segunda Guerra, mas com a Itália comandada por Mussolini.

Querem algo mais singelo, humano e maternal (e também italiano) do que esse orgulho pelo prazer que a "própria" comida proporciona? *Sábado, Domingo e Segunda* não é apenas um louvor ao ragu, à cozinha e à família italiana. É uma homenagem ao prazer da boa mesa. Se possível, em família.

Sua majestade, o ragu

Quem já caminhou pelas ruas napolitanas aos domingos pela manhã, com certeza sentiu no ar o perfume desse molho que é motivo de orgulho nacional. O ritual da preparação começa ao raiar do dia, leva horas no fogo, uma profusão de ingredientes e muito, muito tomate.

Aqui no Brasil ou em Pozzuolo, o almoço de domingo só pode ser completo se tiver o perfume do molho do ragu – a alma do macarrão da *mamma* e protagonista do enredo de *Sábado, Domingo e Segunda*. "*L'odore di festa, l'odore del ragù*", dizem por lá. A disputa pela melhor receita e pelos elogios provoca discussões acaloradas, muita competição e cenas inesquecíveis. Na panela, em fogo baixo, são cozidas também intenções, expectativas, certezas, dúvidas e generosas pitadas de amor e bom humor.

Sua preparação requer habilidade, devoção e uma colher de pau, para mexer constantemente o molho em fogo baixo e não deixar "pegar" no fundo.

Na Itália (e até mesmo aqui), cada região e cada família tem uma receita única, o jeito pessoal e imutável de preparar a iguaria. Em Bolonha, por exemplo, o ragu à bolonhesa tem sua receita registrada em cartório. A carne, picada muito fina, deu origem ao que nós chamamos de "molho à bolonhesa", às vezes feito com carne moída, uma versão deturpada. Nele, a carne não é descartada, mas incorporada ao molho. Em Nápoles, porém, as carnes são retiradas no momento de servir a massa com o ragu (já transformado em um molho escuro, denso e perfumado) e são servidas depois, ao lado de batatas ou legumes, ou mesmo como acompanhamento para a massa.

Se o molho já causa tantas controvérsias, o mesmo vale para a massa. A zitti, tipicamente napolitana e também chamada de maccheroni, é a *pasta* mais tradicional e, às vezes, pode ser substituída pela versão de tamanho maior, a zitone. Mas isso não significa excluir outros tipos de massa, como rigatoni ou penne, igualmente receptivos ao molho.

Segundo o gastrônomo e compositor Gioacchino Rossini (1792-1868), autor da ópera-cômica *O Barbeiro de Sevilha*, "para que os macarrões resultem apetitosos, precisa-se de uma boa massa, azeite, bastante molho de tomate, excelente parmesão e uma pessoa inteligente que saiba cozinhar, embelezar e servir".

Um verdadeiro almoço napolitano

Na véspera do almoço, toalhas e guardanapos brancos são cuidadosamente separados e passados, cristais e talheres são inspecionados e devem brilhar, assim como a queijeira que vai receber o parmesão.

A preparação começa no sábado, que é o dia de ir à feira em busca de produtos fresquíssimos. Além dos ingredientes do ragu, da massa e do vinho, não pode faltar uma bela trança de mozarela a ser empanada e servida no aperitivo. Ou saboreada crua, na versão defumada, para que sua consistência e sabor possam ser mais bem apreciados.

A mozarela napolitana é inimitável. No século XV, era chamada de "mozza", mas provavelmente seja ainda mais antiga, pois os búfalos que fornecem o leite para fabricá-la chegaram à Itália no século VI. Ao lado dos queijos caciocavallo, ricotta e provolone, ela é um orgulho nacional e reina, absoluta, nas pizzas do tipo Margherita.

J. Caròla Francesconi, em seu livro clássico *La Cucina Napoletana* (Fausto Fiorentino Editore, lançado em 1965), elege as sobremesas típicas para terminar a refeição. Algumas estão diretamente associadas a determinadas comemorações, como a pastiera, na Páscoa, e os struffoli e a cassata no Natal e ano-novo.

Um sucesso também nos palcos brasileiros

Em 2003, motivados pelo desejo de falar de amor e das complexas relações familiares, Nicette Bruno e Paulo Goulart resolveram produzir no Brasil a peça *Sábado, Domingo e Segunda*, uma montagem ousada que reuniu no elenco (ao lado do casal de produtores) os filhos Paulo, Bárbara e a neta Vanessa, além de nomes como Eugênia De Domenico, Emilio di Biasi e Flávio Guarnieri, entre outros. Com direção de Marcelo Marchioro e iluminação e cenografia de Gianni Ratto, a peça obteve recordes de bilheteria tanto no Rio quanto em São Paulo.

Para buscar a excelência na interpretação, Nicette e Paulo foram a Nápoles conhecer melhor a alma e os sabores da região. Voltaram fascinados com a alegria, o humor e a generosidade do povo. "Os almoços de domingo não podem significar uma obrigação, e, sim, momentos de prazer. É o coroamento de um ritual que louva a união da família e dos amigos. O ragu é pretexto para exercitar o diálogo, um jeito de reavivar o processo afetivo, de viver plenamente a cumplicidade", afirma Goulart. Em cena, no início da peça, Nicette fazia o ragu, e a platéia suspirava, extasiada, ao sentir os perfumes do manjericão, da cebola, da carne e do toucinho. Em volta da mesa, os atores aguardavam o momento de saborear o prato e passavam a limpo histórias, queixas e ressentimentos dos personagens. E assim, entre um e outro gole de vinho, a ação se desenrolava, sempre regida pelo inesperado. No cardápio, assinado por Eduardo di Filippo, as surpresas apimentam a trama. Assim como acontece na vida de todos nós.

Foto: Gal Oppido

RECEITAS

Mozarela Empanada (mozzarella impanata)

CHEF HAMILTON MELLÃO

Ingredientes
2 ovos
300 g de mozarela de búfala
150 g de farinha de trigo
150 g de farinha de rosca
Óleo para fritar
Sal e folhas de orégano fresco

Preparo
Quebre os ovos em um prato fundo, coloque uma pitada de sal e bata-os muito bem com um garfo. Corte a mozarela em pedaços de 3 x 2 cm, passe-os nos ovos, depois na farinha de trigo, outra vez nos ovos e em seguida na farinha de rosca. Em uma panela, coloque bastante óleo para aquecer. Quando estiver fervendo, frite a mozarela de ambos os lados. Retire os pedaços do fogo e coloque-os sobre papel toalha. Adicione as folhas de orégano e sirva em seguida, bem quentes.

Ragu Napolitano

Chef Hamilton Mellão

Ingredientes
1 pedaço de alcatra (ou coxão mole) de 800 g
100 g de toucinho defumado cortado em cubos
4 colheres de sopa de azeite
50 g de banha
1 cebola grande ralada
2 1/2 kg de tomates maduros, porém firmes, sem pele e sem sementes, picados grosseiramente
1 folha de louro
2 copos de água
500 ml de vinho tinto seco
2 colheres de sopa de extrato de tomate
10 folhas de manjericão
Sal, pimenta-do-reino moída na hora e parmesão ralado a gosto

Preparo

Tempere a carne com sal. Lardeie a carne, inserindo em seu interior os pedaços de toucinho. Em uma panela, coloque o azeite e a banha. Quando esquentarem, adicione a cebola até que comece a dourar e sele a carne de ambos os lados. Junte os tomates, o louro e a água. Quando esta evaporar, coloque o vinho, mexendo sempre. Quando secar, vá pingando água aos poucos, até que a carne fique macia e os tomates tenham se desmanchado. Acrescente o extrato de tomate e mexa bem. Espere o molho encorpar. Coloque o manjericão. Corrija o sal e acrescente a pimenta. Retire a carne e sirva o molho com a massa, salpicando tudo com parmesão ralado. Se desejar, disponha fatias de carne ao lado da massa.

Observação: o tempo de cozimento é de 3 a 4 horas, em fogo baixo.

Delícias napolitanas engarrafadas

Nápoles está localizada na região da Campânia que, no passado, produziu o vinho mais famoso do Império Romano, o Falerno. Infelizmente, com a erupção do vulcão Vesúvio, ocorreu a devastação daqueles vinhedos. Ainda existe por lá, no entanto, o Falerno del Massico, um tinto encorpado que é considerado o vinho mais antigo da Itália. Os três vinhos importantes na Campânia de hoje são o Greco di Tufo, feito com a uva do mesmo nome e que tem traços da rusticidade vulcânica do solo; o Taurasi, feito com a uva Aglianico, considerado um dos grandes vinhos da Itália; e o vinho de sobremesa Lacrima Christi, feito com as uvas Piedirosso e Aglianico (nos tintos) e com as castas Falanghina e Caprettone (nos brancos).

Parente...
É Serpente

Somente os italianos foram capazes de criar um tipo de cinema que consegue ser, ao mesmo tempo, intensamente popular e sério, social e político, humano e engraçado. Ninguém como eles teve a capacidade de rir à custa dos seus próprios erros e falhas, transformando um estilo de cinema árido e de denúncia (como foi o Neo-realismo italiano) numa diversão popular, como se tornou a comédia à italiana que dominou a cinematografia nas décadas de 1960 e 1970. E, mesmo quando o gênero parecia morto, destruído pela breguice da televisão aberta – que só chegou à Itália nos anos 1980, com conseqüências desastrosas, como o fim das salas de cinema do interior e a desestruturação total da indústria –, foi possível realizar um filme como este. *Parente... É Serpente* alcançou sucesso inesperado de crítica e bilheteria no Brasil, dando nova vida à carreira do veterano diretor Mario Monicelli (que em 2006 voltou a dirigir para cinema *Le Rose del Deserto*, apesar de já estar com 91 anos).

PARENTE... É SERPENTE

É bom lembrar que Monicelli, indicado ao Oscar duas vezes como roteirista (*Boccaccio '70*, 1962 e *Os Companheiros*, 1963), é uma das figuras mais ilustres do cinema italiano, tendo dirigido sessenta e seis filmes, começando com comédias de Totó e Peppino De Filippo, passando depois por grandes clássicos, como *Os Eternos Desconhecidos* (1958), *A Grande Guerra* (1959), *O Incrível Exército de Brancaleone* (1966), *Meus Caros Amigos* (1975) e *Quinteto Irreverente* (1982).

Em *Parente... É Serpente* ele conta a história de uma típica família italiana sulista do interior (a cidade é Sulmona, no Abruzzo) que se reúne, como em todos os anos, na casa da *nonna* para a ceia de Natal. Eles são muitos: além dos velhos, dois filhos e duas filhas, um sobrinho e uma sobrinha, três irmãos e cunhadas (um solteirão que todo mundo desconfia que é *gay* e um casal sem filhos).

Passar duas semanas juntos não é tão difícil, sobretudo quando é apenas uma vez por ano. Dá para fingir que tudo está bem e que todos se amam. Mas dessa vez é diferente. A crise se agrava quando os velhos afirmam que desejam morar com um dos filhos. Todavia, nenhum deles quer esse estorvo ou responsabilidade. E a situação se complica cada vez mais. Se na primeira parte foi pintado um retrato idílico da família, na segunda os ressentimentos vêm à tona, começam a explodir os rancores, revelam-se as hipocrisias. Cada um tenta encontrar uma boa razão para não abrigar os velhos.

FICHA TÉCNICA
Parente... É Serpente (*Parenti Serpenti*) **Itália, 1992. Diretor: Mario Monicelli. Roteiro: Carmine Amoroso, Suso Chechi D'Amico, Piero de Bernardi, Mario Monicelli. Elenco: Tommaso Bianco, Renato Cecchetto, Marina Confalone, Alessandro Haber, Cinzia Leone, Eugenio Masciari, Paolo Panelli, Monica Scattini, Pia Velsi. Música: Rudy De Cesaris. Fotografia: Franco Di Giacomo. Montagem: Rugero Mastroianni. Direção de arte: Franco Velchi. Versátil. 96 min. Disponível nas locadoras.**

49

Quem prestar atenção identificará, nos diferentes sotaques, as diversas regiões italianas, o que tornará mais rico o surpreendente final do filme. Aproveitando um excelente elenco de desconhecidos (ao menos para os brasileiros), a obra cria tipos memoráveis, revelando segredos familiares de um modo irônico e corrosivo, sem concessões. É difícil não se identificar com aquela família que se serve do banquete natalino e não se surpreender com as resoluções, no melhor estilo de comédia à italiana, daquelas que nos fazem rir das mazelas do ser humano. Com humor negro, muito negro.

Boas festas

A casa está pronta para receber os filhos no Natal, e toda a família Colapietro se reúne para a comemoração em clima de (aparente) paz e tranqüilidade. Lembranças, abraços, fofocas, presentes, gritinhos, alguns discursos, muitos risos. Até então, tudo acontece como em milhares de famílias italianas, nas quais a *mamma* prepara a ceia com todo o capricho, ansiosa por reunir os filhos (muitas vezes, separados pela distância ou por estilos de vida) em volta da mesa. Antegozando as delícias que irão comer, os parentes/serpentes se reúnem na cozinha. Nela, podemos ver a matriarca fazendo o espaguete alla chitarra – uma massa artesanal que exige perícia e um instrumento apropriado, a *chitarra*, assim chamada por se assemelhar a uma guitarra, com cordas de aço onde são cortados os fios de macarrão. Logo mais ele será servido com o molho al sugo que, em fogo baixo, já perfuma toda a casa.

Durante a refeição, pouco a pouco os conflitos se instalam, mas em nenhum momento do filme interferem no apetite dos comensais, ainda que alguns já ameacem dar o bote. Obedecendo ao tradicional ritmo italiano, a massa é a primeira que chega à mesa. "Todos esperam pelo espaguete, mas ele não espera por ninguém", diz o antigo ditado toscano. Grande verdade: a massa precisa ser servida logo que sai da panela para preservar a textura e o sabor.

Depois de todos servidos, os diálogos começam a adquirir um tempero amargo, mas quem se importa? Impossível não repetir a massa, impossível recusar o peixe empanado na pastella, o pão caseiro e mais uma taça de vinho. Impossível não louvar os sabores da infância e a comida da *mamma* servida na louça preservada para esses momentos especiais.

> Na Itália, a massa que empana uma enorme variedade de peixes, verduras e legumes é chamada de pastella. Ela é responsável por formar, sobre os ingredientes depois de fritos, uma crosta dourada e crocante. Para que isso aconteça, o segredo é deixar a pastella descansar por uma hora antes de ser utilizada. As receitas dessa massa são muitas, e algumas levam açúcar e são usadas para envolver frutas. Basicamente, a pastella consiste na mistura de 250 g de farinha de trigo com um copo e meio de cerveja em temperatura ambiente e uma pitada de sal.

RECEITAS

Manjubinhas in Pastella

Chef Hamilton Mellão

Ingredientes
200 g de farinha de trigo
200 ml de cerveja em temperatura ambiente
1 gema de ovo
600 g de manjubas bem frescas
Sal e pimenta do moinho
1 lata de óleo

Preparo
Numa travessa, junte a farinha com a cerveja e misture bem. Adicione a gema e misture até que ela seja absorvida. Deixe descansar por 1 hora. Lave bem as manjubas e faça, com uma faca, uma pequena incisão no ventre. Com o polegar, delicadamente, retire todas as vísceras. Tempere os peixes com sal e pimenta. Passe-os pela massa, retire o excesso e frite aos poucos em óleo abundante. Escorra em papel absorvente e sirva, a seguir, com rodelas de limão.

Capelete no Caldo (cappelletti in brodo)

CHEF HAMILTON MELLÃO

Massa Básica

Ingredientes
1 kg de farinha de trigo
8 ovos
60 ml de azeite de oliva
1 colher de chá rasa de sal

Preparo
Faça um "vulcão" com a farinha e coloque os ovos no meio, um a um. Adicione o sal e misture bem com as pontas dos dedos, adicione o azeite de oliva e trabalhe a massa por no mínino 15 minutos. Se necessário, acrescente água até a massa adquirir uma consistência lisa e elástica.

Capelete de carne

Ingredientes
50 g de manteiga
1/2 cebola ralada
200 g de patinho limpo moído
100 g de uma boa mortadela moída
1 gema de ovo
50 g de parmesão ralado
Sal
Pimenta do moinho
Noz-moscada ralada

Preparo
Coloque a manteiga em uma panela e adicione a cebola. Deixe dourar e junte o patinho. Mexa com uma colher por 5 minutos, até que a carne tome cor. Desligue o fogo e espere esfriar. Acrescente a mortadela, a gema e o parmesão. Tempere com sal, pimenta e noz-moscada. Mexa bem. Corte quadrados de massa de 1 x 1 cm. Coloque meia colher de café do recheio no centro. Dobre de modo a fazer um triângulo. Junte as pontas e puxe o bico do anel para cima.

Caldo básico de carne ou frango

Ingredientes (para 1 litro)
1,8 kg de músculo ou o mesmo peso de asas de frango
200 g de cenouras raspadas e cortadas em 5 cm
200 g de cebolas cortadas em cubos
100 g de salsão branco, limpo, em cubos
1 buquê garni feito com 10 ramos de salsa, 1 folha de louro, 1 ramo de tomilho ou segurelha e 1 cebolinha-verde, amarrados

Preparo
Corte a carne ou o frango (pelas juntas). Numa panela grande, coloque todos os ingredientes e cubra com água fria. Leve para ferver, tampado, durante aproximadamente 3 horas, retirando de quando em quando a espuma que se forma na superfície. Deixe descansar por 10 minutos e coe numa peneira (no congelador, conserva-se por até 6 meses).

Preparo final
Cozinhe os capeletes no caldo e sirva a seguir, polvilhado com parmesão.

Como Água para Chocolate

Não se pode menosprezar o impacto mundial deste filme mexicano. Ele não apenas foi precursor da atual renascença do cinema mexicano (com as fitas de Guillermo Del Toro, Alfonso Cuaron e Iñarritu), como também foi saudado pela imprensa como obra-prima. Recebeu vinte e um prêmios, além de indicações para o Globo de Ouro, Bafta e Goya de filme estrangeiro. Aqui no Brasil, em Gramado, ganhou os prêmios de público, atriz e atriz coadjuvante. Quando foi indicado oficialmente pelo México para o Oscar de filme estrangeiro e não ficou entre os finalistas, houve escândalo e revolta no país. Isso se deu porque esse era, antes de tudo, um filme muito querido pelo público, com anúncios exaltando a mistura de história de amor com culinária (seu *slogan* era "uma festa para os sentidos"). A crítica do *Hollywood Reporter* – um jornal da indústria do cinema dito sério – afirmava: "É de dar água na boca".

Já existiam filmes sobre comida e seus prazeres (o clássico do gênero, *A Festa de Babette*, é de alguns anos antes, 1987), mas em geral estes eram sobre a cozinha de restaurantes, chefs sofisticados e, por definição, para poucos. Neste roteiro, a escritora Laura Esquivel teve a sensibilidade de louvar a comida caseira, preparada em casa com todo o cuidado e amor. Isso se destaca ainda mais porque o México é dos países latinos de fala espanhola o que tem a culinária mais original (e também mais popular no estrangeiro). Bastou um passo para aproveitar as lições da literatura de Garcia Márquez e partir para o chamado "realismo fantástico". Ou seja: a própria comida pode ter ingredientes mágicos e fantásticos.

Acontece que Laura era casada na época com o diretor e ator Alfonso Arau, que conseguiu transportar a história para o cinema. Os mais entendidos perceberam que era uma obra mais de Laura (além de tudo, a temática é muito feminina) do que de Arau, até então realizador de chanchadas de gosto duvidoso. Mas o diretor assumiu a autoria do projeto, e não é de espantar que o filme tenha acabado com o casamento deles. Arau ainda faria outro filme na mesma linha, sobre vinhedos, o *Caminhando nas Nuvens* (*A Walk in the Clouds*, de 1995, com Keanu Reeves e Anthony Quinn). Contudo, logo demonstraria sua incompetência e sairia de cena fazendo filmes para a televisão.

Não há dúvida, porém, de que nesta película ele procurou estilizar a narrativa, às vezes até em excesso, como se colocasse filtros para criar um clima sempre enevoado e romântico. A história se passa no interior do México, quando Tita e Pedro estão apaixonados. Mas é um amor impossível porque, segundo a tradição familiar, ela deve

COMO ÁGUA PARA CHOCOLATE

FICHA TÉCNICA
Como Água para Chocolate (*Como Agua para Chocolate* ou *Like Water to Chocolat*). México, 1992. Diretor: Alfonso Arau. Elenco: Marco Leonardi, Lumi Cavazos, Regina Torné, Ada Carrasco, Mario Iván Martínez, Claudete Malle, Yareli Arizmendi. Roteiro: Laura Esquivel (baseado em livro de sua autoria). Música: Leo Brouwer. Fotografia: Steven Bernstein e Emmanuel Lubezki. Montagem: Carlos Bolado e Francisco Chiu. Direção de arte: Marco Antonio Arteaga, Denise Pizzini, Emilio Mendoza. Europa Filmes. 105 min.

permanecer solteira para cuidar da mãe. Pedro se casa com a irmã mais velha, e é por intermédio da culinária que eles conseguem transmitir seu amor.

No México, o chocolate é diluído em água, e não em leite, como em outros lugares. E quando uma pessoa está excitada sexualmente, diz-se que "ela está como água para chocolate". É a metáfora perfeita para uma mulher que passa a vida inteira em uma cozinha e cuja comida é tão mágica que inspira as pessoas a rir, chorar e até sair correndo nuas da casa.

A receita do filme é misturar romance, erotismo, um pouco de história (a Revolução Mexicana), mas também altas doses de alho, mel, pimenta, milho e pétalas de rosas. Uma cena marcante é a do casamento da irmã da "mocinha". O bolo da festa é feito por Tita, e suas lágrimas se misturam com a farinha, o açúcar e com os demais ingredientes. Isso contamina os convidados, que não param de chorar. O filme é narrado pela sobrinha de Tita, que descreve os milagres que vão se sucedendo (como quando Tita usa pétalas de rosa vermelha em uma receita e provoca incontrolável paixão sensual em Pedro). Tudo acaba adquirindo um ar de lenda, como em um velho livro de receitas de família.

O jovem e baixinho italiano Marco Leonardi, de *Cinema Paradiso*, faz o galã ao lado da mexicana Lumi Cavazos, a Tita do filme (os dois viveram juntos desde 1991 a 1999). Ambos se saem especialmente bem numa fita bonita em excesso, uma fábula com senso de humor que provoca encantamento e paixão.

Que Viva México!

Título de um filme rodado em 1932 por Sergei Eisestein, *Que Viva México!* bem poderia ser um brinde – com tequila, naturalmente – antes, durante ou depois de assistirmos a *Como Água para Chocolate*. Viver o México é louvar o milho (base da alimentação mexicana), os tacos, o guacamole, a cerveja e, principalmente, o rico e temperado mosaico gastronômico que é a culinária mexicana – resultado das influências indígenas somadas aos produtos e técnicas (como a fritura) trazidos pelos conquistadores espanhóis.

Sentados à mesa dos cenários cinematográficos, os personagens geralmente nos mostram a estreita ligação que existe entre os sentimentos e a comida, fazendo dela um elemento pacificador, estimulante, agregador. *Como Água para Chocolate* é um dos raros filmes que mostra o outro lado da moeda: se o cozinheiro estiver imbuído de energia negativa, de protesto ou indignação, aqueles que provarem da comida ficarão igualmente indispostos e perturbados, contaminados pelo estado de espírito de quem preparou o alimento.

Os personagens Tita e Pedro usam a comida para estabelecer um novo código de comunicação, no qual ela é a emissora, e ele, o receptor. Repleto de metáforas para falar de sentimentos dissolvidos em molhos, lágrimas e até sangue, o filme usa a famosa receita maniqueísta que garante a audiência das novelas mexicanas. Lá e aqui.

A rica mesa mexicana

Basta falar em cozinha mexicana para que pensemos imediatamente em tacos, o que não deixa de ser uma deturpação. Na verdade, a culinária do país é riquíssima, e com sua sutileza quase poética é páreo para a França, Itália, China e Índia, no *hall* das mais brilhantes do planeta.

Com ocupação humana desde pelo menos 3.000 a.C., este país teve várias culturas pujantes, como as dos maias, astecas, zapotecas, toltecas, que sempre tiveram a sua sustentação na agricultura e sua base de alimentação na tríade abóbora, feijão e milho.

Quando Fernando Cortez invadiu o México, em 1519, trouxe – além da desmedida ganância – porcos, galinhas, bois e cavalos. Os ibéricos vinham de uma cultura com vinte e oito gerações de domínio mouro e, aos poucos, foram trazendo o arroz, a cebola, o alho e a cana-de-açúcar, proporcionando a alvorada da cozinha mexicana. As freiras, importadas para "salvar" a alma dos índios, criaram novas receitas aproveitando as frutas exóticas locais (abacaxi, goiaba e papaia) e os revolucionários cacau e baunilha – formadores da base da doçaria mexicana.

O abacate

Utilizado amplamente, o abacate é cultivado há milênios no México. Os astecas distinguiam três variedades da fruta: *ahuácatl*, *tlacosalahuácatl* e *quilahuácatl* – e existe a crença de que todos sejam eficientes afrodisíacos. Na língua indígena, as palavras combinadas para "abacate" e "mistura" traduzem-se por guacamole – um maravilhoso preparado, que é ideal para aperitivos, acompanhado de tacos ou totopos (chips de milho). As folhas dos abacateiros também são utilizadas para dar aroma aos *tamales* (preparação de alimentos como carnes e peixes envoltos em folhas de bananeira).

Fatiado, ele acompanha praticamente qualquer tipo de prato, mas também costuma ser incluído em sopas, molhos, recheios, tortas, ceviches e coquetéis de frutos do mar. No entanto, ao contrário do nosso hábito de acrescentar açúcar à fruta, no México ele é mais consumido salgado.

Happy hour

Originária do Estado de Jalisco, a tequila começou a ser produzida, no século XVII, pela destilação do sumo de uma planta chamada Agava Azul, acrescido de xarope de cana ou de milho. No México, a tequila é um substantivo masculino, ou seja, o tequila, mas o importante é saber que ela (ou ele) pode ser encontrada em diversas versões, de acordo com o tipo e o tempo de envelhecimento. Seu teor alcoólico costuma variar de 35% a 46%. É consumida como aperitivo e também como digestivo, abrindo e fechando as refeições. E é a alma do drinque Margarita.

Tipos de tequila:

• Branca (conhecida também como prata ou silver): é uma das mais puras, pois é engarrafada logo após a destilação.
• Jovem (também chamada de ouro ou golden): ao produto destilado, é adicionado 1% de extrato de carvalho, caramelo ou glicerina para a aparência ficar amarelada e adquirir sabor um pouco mais doce.
• Rebosado: é o líquido envelhecido no tonel de carvalho de dois meses a um ano.
• Añejo: é a bebida envelhecida no carvalho por mais de um ano.
• Extra-añejo: é envelhecida no carvalho por mais de cinco anos.

RECEITAS

Guacamole

Chef Hamilton Mellão

Ingredientes
2 tomates médios, maduros e sem sementes
1 pimenta dedo-de-moça
Folhas de 1/4 maço médio de coentro
1 abacate médio
Suco de 1 limão médio
1 cebola média picada
3 colheres de sopa de azeite de oliva
Sal a gosto

Preparo
Pique os tomates em cubos bem pequenos. Abra a pimenta ao meio, elimine as sementes com os filamentos brancos e pique-a em pedaços bem pequenos. Pique finamente as folhas de coentro e reserve. Descasque o abacate, retire o caroço e coloque a polpa num prato fundo. Amasse com um garfo, deixando alguns pedaços, e regue com o suco de limão. Adicione o tomate, a pimenta, o coentro, a cebola, o azeite de oliva e o sal e misture. Sirva em seguida.

> Tita, a mocinha da história, tem mãos de fada. Para o chá que reúne a família e amigos, ela serve uma de suas receitas infalíveis, o rico pão doce com frutas cristalizadas.

Pão doce da Tita

Chef Roberto Strôngoli

Ingredientes
3 tabletes de fermento biológico (45 g)
1 1/2 xícara de chá de leite morno
5 xícaras de chá de farinha de trigo
50 g de manteiga
1/2 xícara de chá de açúcar
3 pitadas de sal
1 xícara de frutas cristalizadas picadas
1 xícara de uvas passas
1 ovo
100 g de açúcar cristal para a cobertura

Preparo
Coloque em uma tigela o fermento, o leite morno, uma xícara de chá de farinha de trigo e sal. Misture e deixe crescer por cerca de 2 horas. Junte a manteiga, o açúcar, a farinha de trigo restante e misture bem. Sove a massa até que todos os ingredientes estejam bem incorporados, e a massa, bem lisa. Deixe crescer por cerca de 1 hora. Adicione as frutas e as uvas passas e misture bem. Deixe descansar por mais 1 hora. Distribua a massa em uma forma redonda, pincele com o ovo batido e polvilhe com açúcar cristal. Leve ao forno preaquecido por 45 minutos, aproximadamente.

A Época da Inocência

Martin Scorsese, de origem italiana e cinéfilo, com certeza estava pensando em Luchino Visconti quando realizou *A Época da Inocência* (1993), inspirado num livro de Edith Warthon, vencedor do Pulitzer de 1920. O filme é uma homenagem, quase uma réplica, ao magnífico *O Leopardo*. Só mesmo nos filmes do nobre Visconti vemos tal requinte, cuidado na ambientação e mesmo na técnica (o filme ficou um ano na sala de montagem para aparar as arestas). Foi premiado com apenas um Oscar, o de figurinos (justamente de uma italiana, Gabriella Pescucci, que havia trabalhado com Scola, Fellini, Leone e até mesmo em *Morte em Veneza*, de Visconti!). Merecia ao menos outro, o de direção de arte, para outro italiano, Dante Ferretti (que veio de trabalhos como Pasolini e vários Fellini), no que se incluiria também o trabalho de "vestir os sets" com os incontáveis e preciosos objetos de cena que dão ao filme seu aspecto de vitrine de antiquário.

Mas isso não deve ser levado para o lado negativo. É que vivemos numa época em que a elegância, a beleza e o requinte estético deixaram de ser valorizados. Ao contrário, por vezes são desprezados e vilipendiados. Parece que Scorsese fez este filme como uma homenagem a um período que se perdeu no tempo e que inclui situações, conceitos e morais anacrônicas, com o encanto de uma peça de museu, relíquia de uma época desaparecida. A película se passa em 1870, na antiga Nova York, no círculo restrito dos muito ricos, no qual nunca se dizia o que se pensava, muito menos a verdade. Era uma cidade diferente das outras, num país de novos-ricos que tentavam imitar cegamente as tradições de outros, porque muitas vezes tinham vergonha das suas origens.

Scorsese não chega a fazer a autópsia dessa sociedade. Sua intenção é contar uma história de amor impossível, até mesmo pela passividade de seus protagonistas. O advogado Newland (Daniel Day-Lewis) está noivo de uma jovem de boa família, May (Winona Ryder), mas reencontra a prima dela, uma ex-colega de infância, a bela Ellen Olenska (Michelle Pfeiffer), que é vista com desconfiança porque se separou do marido, um nobre europeu. O amor entre eles é interrompido pelas convenções sociais, pelo constrangimento dos laços familiares e, por que não admitir, pelo próprio medo dos personagens. Não era de bom-tom expressar emoções, pois, no fundo, tudo era um jogo de aparências.

Scorsese procura deixar isso bem claro ao introduzir quatro momentos em que os protagonistas fazem as refeições. No mais importante deles, a narradora (Joanne Woodward)

FICHA TÉCNICA
A Época da Inocência (*The Age of Innocence*) Estados Unidos, 1993. Diretor: Martin Scorsese. Roteiro: Jay Cocks e Scorsese (baseado em livro de Edith Wharton). Elenco: Daniel Day-Lewis, Michelle Pfeiffer, Winona Ryder, Alexis Smith, Geraldine Chaplin, Mary Beth Hurt, Alec McCowen, Richard E. Grant, Miriam Margoylies, Robert Sean Leonard, Sian Phillips, Jonathan Pryce, Michael Gough, Norman Lloyd, Claire Bloom, Joanne Woodward (narradora). Diretor de arte: Dante Ferretti. Música: Elmer Bernstein. Fotografia: Michael Ballhaus. Montagem: Thelma Schoonmaker. Columbia. 139 min. Disponível nas locadoras.

A ÉPOCA DA INOCÊNCIA

faz questão de registrar a excelência das baixelas, dos cristais e das porcelanas da Companhia das Índias e Dagonet Gron Derby.

Dificilmente alguém é visto realmente comendo, colocando algo na boca. A refeição adquire ares solenes de um ritual litúrgico, sentido até mesmo na apresentação dos pratos. Os assuntos são os mais banais, com alguns comentários mesquinhos, do tipo: "Já notaram que aqueles que têm os piores cozinheiros são os que mais reclamam quando jantam fora!" ou "A elegância nem sempre é necessária, desde que conheçamos as regras de cor", ou ainda "Será a moda uma coisa para se levar a sério? Só para aqueles que não têm nada mais sério a fazer".

É estranho que Scorsese tenha sido indicado ao Oscar de roteiro e não de direção (as outras indicações foram de atriz coadjuvante para Winona, trilha musical, direção de arte), porque seu trabalho é primoroso, delicado, sutil. Exatamente como a singela apresentação que ele conseguiu nos letreiros – que foi a última feita pelo mestre Saul Bass, o maior de todos os criadores de logos do cinema. É apenas uma rosa se despetalando, suave, bonita, mas fadada a fenecer. Como aquele mundo não tão inocente que a gente contempla com ternura e piedade.

A época das aparências

No dicionário, aparência (do latim *apparentia*) é aquilo que parece realidade sem o ser; ilusão, disfarce; mostra enganosa. Simulação da realidade e, portanto, ocultamento de uma realidade diferente. Aquilo que se mostra à primeira vista, exteriormente; manifestação, total ou parcial, da realidade.

A burguesia nova-iorquina no período abordado pelo filme foi vítima da dualidade entre o moralismo puritano protestante, que pregava a abstinência e a moderação, e uma desenfreada fartura econômica. Boa parte dos capitalistas americanos daquela época ganhou tanto dinheiro, e tão rápido, que a acumulação de capital deixou de ser um objetivo de vida muito animador. Havia chegado a hora de gastar e, para isso, eles se inspiraram no estilo de vida dos nobres europeus. Começaram então a praticar o ócio, seja relaxando em suas casas de campo, servindo sofisticados jantares, fazendo esportes ou freqüentando o teatro, concertos e óperas, como fica demonstrado logo no início do filme.

A principal forma que o burguês norte-americano em ascensão encontrou para demonstrar *status* foi por intermédio de sua casa, cenário de uma falsa alegria rodeada de objetos materiais que a valorizavam. Os móveis, por exemplo, não se pautavam por conforto e funcionalidade, mas revelavam a riqueza e o sucesso de seus donos. As cortinas, de tecidos pesados, abafavam sentimentos e escondiam intenções as mais diversas.

Nessas residências, a vida privada era quase inseparável da pública, pois as duas tinham funções diplomáticas e políticas. Cada palavra, gesto e expressão, assim como cada prato e cada vinho, eram minuciosamente escolhidos para se adequar às normas de etiqueta e educação – visando a favorecer contatos e influências. A preocupação com aquilo que os outros poderiam pensar ou dizer norteia a vida dos personagens do filme, marionetes nas próprias casas.

A escolha dos cardápios (mesmo os do dia-a-dia) também se pautava por modismos vindos da Europa, especialmente da França, onde aprenderam a fazer batatas Duchesse e a consumir caviar com freqüência. Isso sem falar na riqueza dos arranjos de flores e de frutas, verdadeiras obras de arte. Tudo em nome da aparência, mas com requinte e bom gosto do início ao fim da refeição.

RECEITAS

Sopa de Cogumelos

CHEF SILVIA PERCUSSI

Ingredientes

300 g de cogumelo fresco
20 g de manteiga
1 cebola
1 tablete de caldo de carne dissolvido em 1 litro de água
2 gemas
1 xícara de chá de leite
4 colheres de sopa de creme de leite
1/2 xícara de chá de salsa
1 colher de chá de pimenta-do-reino
1 colher de chá de noz-moscada
Sal a gosto

Preparo

Limpe os cogumelos, lave-os ligeiramente, corte-os em fatias ou pedaços e reserve. Fatie a cebola. Numa panela, coloque a manteiga e doure a cebola. Junte os cogumelos reservados. Adicione o caldo de carne e cozinhe por 1/2 hora. Misture as gemas no leite e despeje na sopa, mexendo fora do fogo. Retorne ao fogo para aquecer. Despeje o creme na sopeira e misture o creme de leite, a pimenta e a noz-moscada. Junte a salsinha finamente picada. Acrescente sal.

Salmão Assado

Chef Silvia Percussi

Ingredientes
1 colher de sopa de manteiga
3 batatas cruas fatiadas
1 salmão inteiro de 1,5 kg (limpo, sem a pele, com a cabeça e a cauda)
Manjericão fresco
Tomilho fresco
Alecrim fresco
Orégano fresco
Sal e pimenta-do-reino moída na hora
Azeite
8 pepinos japoneses
200 g de ovas de salmão

Preparo
Em uma assadeira untada com manteiga, disponha as batatas e sobre elas, o peixe, temperado com sal e pimenta, e coberto com as ervas. Regue com o azeite. Cubra com papel-alumínio e leve para assar em forno preaquecido a 180ºC durante 25 minutos. Enquanto isso, prepare os toletes de pepino, cortando-os em pedaços do mesmo tamanho, cavando-os por dentro e preenchendo-os com as ovas de salmão.

Rosbife com Legumes

Chef Silvia Percussi

Ingredientes
700 g de filé-mignon (somente a parte central)
Sal e pimenta-do-reino moída na hora a gosto
1 colher de sopa de manteiga sem sal
1/2 maço de espinafre (somente as folhas)
4 xícaras de ervilhas frescas
2 colheres de sobremesa de manteiga sem sal

Preparo
Tempere a carne com o sal e a pimenta. Amarre bem a carne e reserve na geladeira. Depois de 2 horas, leve-a ao fogo em uma panela com a manteiga. Deixe que ela doure bem de ambos os lados, virando sempre com uma pinça para não furar a carne. Em seguida, coloque a carne em uma assadeira, regue com o molho do fundo da panela e leve ao forno preaquecido a 180°C durante 10 minutos, se desejar a carne malpassada, ou 20 minutos para deixá-la rosada, porém mais cozida. Enquanto isso, branqueie as folhas de espinafre e cozinhe as ervilhas. No momento de servir, passe as folhas de espinafre na manteiga e corrija o sal. Em outra frigideira, faça a mesma coisa com as ervilhas. Sirva como acompanhamento da carne, juntamente com as batatas Duchesse.

Batatas Duchesse

Chef Silvia Percussi

Ingredientes
1 kg de batatas
100 g de manteiga ou margarina
Sal
Pimenta-do-reino
1 ovo
3 gemas batidas

Preparo
Descasque as batatas, corte-as em pedaços, coloque numa panela com água fria e cozinhe. Escorra bem e passe no espremedor. Junte a manteiga, o sal, a pimenta e o ovo ligeiramente batido. Bata até que a mistura fique fofa. Coloque a massa num saquinho de confeitar e forme rodelinhas sobre uma assadeira untada com manteiga. Pincele as batatas com as gemas batidas. Leve ao forno quente para dourar.

Torta de Amêndoas

Chef Silvia Percussi

Ingredientes
1 pacote de massa filo em rolo (à venda em casas de produtos árabes ou congelada em supermercados)
125 g de açúcar
125 g de manteiga
125 g de amêndoas
2 colheres de sopa de farinha de trigo
1 gema de ovo

Preparo
Derreta a manteiga em banho-maria, descasque as amêndoas e pique-as bem. Reserve algumas lâminas de amêndoas para decorar. Misture tudo, forre uma forma com algumas folhas da massa e recheie. Leve ao forno preaquecido a 180°C e asse até a torta ficar dourada. Decore com as lâminas de amêndoas.

Nos copos
Para esse cardápio, do começo ao fim, ousa-se indicar um vinho rosé, especialmente por seu frescor e descompromisso, contrabalançando a composição da mesa. Uma opção feliz seria o Rio Sol Rosé, espumante do Nordeste brasileiro, uma bela surpresa. É da ViniBrasil, uma associação da Dão Sul, de Portugal, e da Expand, do Brasil. Outra boa alternativa é o espumante Rosee Salton e o rosé "tranqüilo" da Miolo, todos de alto nível. Entre os importados, o Lurton rosado argentino, 1.º lugar na confraria dos sommeliers em degustação às cegas, e o Paralèle 45 da Provence, importado pela Mistral, ambos ótimos. Outras alternativas brasileiras: Pinot Noir da Miolo, muito elegante e macio; Gewürztraminer, bastante floral e untuoso, da Cordilheira de Sant'Ana; e o Espumante Moscatel Casa Valduga, elegante e fresco, com excelente equilíbrio entre doçura e acidez.

O Cheiro do Papaia Verde

Embora no Brasil seja praticamente desconhecida, a milenar culinária vietnamita foi espalhada pelos emigrantes que fugiram para os Estados Unidos e Europa como resultado dos longos conflitos que abalaram aquele país, antes conhecido como Indochina. Este é o filme que veio mudar tudo e finalmente desvendar o que seria a cultura vietnamita. Não se fala aqui em guerra ou divisão do país em Norte ou Sul, ou da presença americana. Mal se tem idéia sobre a época em que se passa a ação (fala-se num toque de recolher, quando as pessoas têm de voltar cedo para casa, mas, para uma família comum de comerciantes, a vida continua, tenham ou não mudado os líderes e os poderes). Esse é um filme sensorial, de cores, bichos, texturas, quase que de odores e paladares. Nunca o cinema esteve tão próximo de alcançar novos sentidos do que neste trabalho de estréia de um jovem cineasta, Tran Anh Hung, que ganhou no Festival de cinema de Cannes o Câmera D'Or (para estreante), o Prêmio da Juventude, depois foi indicado ao Oscar de filme estrangeiro (representando o antigo inimigo dos americanos, o Vietnã) e ganhou o César de estreante (o Oscar francês).

Nascido em 1962, em Danam, Tran conseguiu estudar cinema na França, onde obteve o financiamento para este projeto original – pela primeira vez mostrando a rica cultura de um povo por meio de seu cotidiano, não suas guerras. A história começa quando a jovem Mui vem do interior para trabalhar numa casa de classe média alta em Saigon. É um lugar bonito, arejado (porque o calor é o companheiro constante), cercado de plantas e pequenos insetos (o parceiro de Mui será um grilo, que ela manterá numa pequena gaiola). A casa é sustentada por uma loja de armarinho administrada pela chefe da família, já que o marido está sempre ausente (em todos os sentidos). De tempos em tempos, ele pega o dinheiro do cofrinho e desaparece. Ela tenta sobreviver e cuidar dos dois filhos (perdeu uma menina que hoje teria a mesma idade de Mui, por isso, a recebe com simpatia). Tudo é narrado pelo ponto de vista da heroína deslumbrada, sempre de olhos arregalados (ela praticamente não fala, apenas frases curtas, até porque tem pouco a dizer), que vai descobrindo em belos movimentos de câmera os segredos daquela casa.

Mas a história não importa muito, é quase uma fábula. O ritmo é propositalmente lento para examinar, com precisão e poesia, como são preparadas as refeições, como um filho mais velho apronta brincadeiras com lagartos e sapos, observando as vidas com o auxílio de um microcóspio, como se fosse um universo destinado a desaparecer. De repente, acontece um segundo

O CHEIRO DO PAPAIA VERDE

ato, dez anos depois. Agora Mui é uma bela moça, sempre calada, que muda de emprego e vai trabalhar no moderno apartamento de um rapaz rico, compositor influenciado pela cultura européia (e que toca muito Chopin). E tudo se transforma numa delicada e sensível história de amor.

Sem dúvida, um trabalho muito pessoal do cineasta, que procurou recriar imagens que tinha de sua família, do gestual de sua mãe. Depois que escreveu o roteiro, ele chegou a retornar ao Vietnã, mas descobriu que a guerra tinha destruído o país de sua infância. Tomou, então, uma decisão extrema: reconstruiu tudo em estúdio. Até mesmo as ruas que cercavam a casa da família. O resultado é um trabalho genial do diretor de arte, Alain Nègre, com jardins, portas, escadarias, detalhes de enorme simplicidade e sofisticação. Tudo no set era autêntico, com a preocupação constante de preencher os enquadramentos com vegetação. (Reparem num detalhe importante: toda a família é sempre prisioneira de grades, reais ou em sombras, uma forma muito sutil de mostrar a realidade do país.)

O filme tem o cheiro do papaia verde, mais parecido com o nosso mamão do que com a fruta que chamamos aqui de papaia. Tran, o diretor, conta que essa é uma lembrança pessoal da infância. Todos conhecem os gestos e barulhos associados à preparação do papaia (porque ele é oco e faz ruído característico) e, como as casas não tinham proteção de som, era possível ouvir o barulho do vizinho. Eram sons que faziam parte do cotidiano das famílias, principalmente das mulheres, pois descascar o papaia verde era tarefa feminina. Quando maduro, era considerado uma fruta. O que não deixa de ter uma leitura simbólica no segundo ato, quando ocorre um jogo de sedução. Mas sedução à moda oriental, quase como uma luta de poder, lenta e cheia de meandros.

FICHA TÉCNICA
O Cheiro do Papaia Verde (*L'Odeur de la Papaye Verte / Mùi du du Xanh*) **França/Vietnã, 1993.** Direção e roteiro: Tran Anh Hung. Elenco: Tran Nu Yen-Khe, Man San Lu, Thi Loc Truong, Nguyen Ann Hoa, Vuong Hoa Hoi, Tran Ngoc Trung. Fotografia: Benoit Delhomme. Música original: Ton-That Tiet. Música de Chopin. Montagem: Nicole Dedieu, Jean-Pierre Roques. Diretor de arte: Alain Nègre. CIC Vídeo. 104 min. Disponível nas locadoras.

Depois deste filme, Tran ganhou o Leão de Ouro do Festival de Veneza ao revelar outra face da moeda, com *O Ciclista – Entre a Inocência e o Crime* (1995), mostrando um Vietnã modernizado e caótico, quase capitalista. A seguir, contou uma história de dramas familiares (*As Luzes de um Verão*, 2000) e desde então se calou. Uma pena, porque poucos cineastas recentes têm um olhar tão marcante, tão particular, tão plástico. *O Cheiro do Papaia Verde* é uma obra-prima do modo oriental de viver e de fazer cinema.

Caleidoscópio de sabores

Inebriante e arrebatadora. Ainda que essas palavras estejam (quase) em desuso, é impossível encontrar outras para descrever a delicadeza que envolve as cenas do filme e a sutileza da gastronomia vietnamita. Perfumada pelo cheiro do papaia verde, a jovem Mui aprende a cozinhar com a antiga empregada da casa onde foi trabalhar. "Fique atenta e não deixe que os legumes cozinhem além do ponto" é a primeira recomendação dada. Encontrar esse ponto de equilíbrio entre o cru e o cozido é a metáfora que permeia a história do filme. E talvez a da nossa própria vida.

Apesar das marcantes influências da Índia e da França, a cozinha vietnamita tem identidade própria e uma personalidade ímpar ligada à civilização do país, à geografia e às suas tradições regionais. O arroz, amplamente cultivado nas planícies, é uma das oferendas feitas aos deuses e ancestrais, além de ser a matéria-prima de uma infinidade de produtos típicos, mesmo do macarrão. Nas mesas vietnamitas, o arroz tem a mesma importância que o pão tem para os europeus. Indispensáveis também são os molhos. O mais conhecido é o Nuoc Mam ou

Nuoc Cham, um molho de peixe salgado diluído em sumo de lima ou vinagre, temperado com alho (mais doce que o nosso) e com um toque de açúcar. Ele é usado para dar mais sabor a arroz, crepes, carnes grelhadas e sopas. Vale dizer que as refeições incluem obrigatoriamente diversos pratos, como é costume em todo o Sudeste Asiático.

A cozinha vietnamita pode ser dividida em três culinárias regionais: a do Sul (à base de ervas frescas e pratos tropicais bastante elaborados), a do Centro (com tendência a ser mais condimentada), e a do Norte (bastante parecida com a cozinha chinesa, com o uso freqüente de vegetais em conserva, em vez de ervas frescas, cogumelos e outros fungos). O chá vietnamita é oferecido em todos os lugares. É similar ao chá verde da China e costuma ser aromatizado com lótus ou jasmim. Na região Norte, ele pode ser especialmente forte e amargo, enquanto no Sul é mais suave.

Servindo à francesa

Baguetes, coxas de rã, crème caramel, banana flambé e paté são algumas heranças gastronômicas do período colonial francês, assim como os cafés tipicamente parisienses, um ponto de encontro sempre movimentado. Neles, você pode experimentar o *Ca fehe sua da*, um refresco à base de café, com muito gelo e leite condensado, que, dizem eles, é ideal para combater o intenso calor vietnamita. Mas é nas ruas que se encontram pratos típicos da culinária vietnamita, uma das mais ricas da Ásia. Pequenas barracas servem crepes de arroz com os mais diferentes recheios, e outras servem o tradicional Pho Bo, um caldo que leva gengibre e cebolas tostadas na chama e depois amassados. Dentro dele, tiras de frango, porco ou vaca, cebolinha, coentro, rodelas de cebola e, ao final, macarrão de arroz, o produto mais importante do país.

Em todo o país, uma grande diversidade de frutas resulta numa explosão de perfumes, cores e sabores: manga, goiaba, pêssego, mangostão, kiwi, caqui, lichia, abacaxi e banana são a base de muitas sobremesas, mas também são muito utilizadas no preparo de pratos salgados.

RECEITA

Salada de Papaia Verde

CHEF THOMPSON LEE

Ingredientes

1 mamão médio ou 2 papaias verdes
Suco de 1/2 limão taiti
10 g de açúcar mascavo
20 ml de Nampla (molho de peixe)
1/2 dente de alho picado
1/2 pimenta dedo-de-moça, sem sementes e picada
50 g de vagem, cozida em rodelas finamente
    picadas
100 g de tomate-cereja
Folhas de alface e de coentro para decorar

Preparo

Descasque o mamão e rale-o, formando fios. Misture, à parte, o suco do limão, o açúcar e o molho de peixe até dissolver bem o açúcar. Reserve. Misture o mamão ralado, a pimenta, o alho e a vagem, e adicione o molho aos poucos, até obter o sabor desejado. Mexa bem e sirva sobre um leito de alface, decorando o prato com os tomates e as folhas de coentro (opcional).

Comer, Beber, Viver

Se deu certo da primeira vez, por que não fazer de novo? Foi mais ou menos assim que pensou Ang Lee quando reuniu praticamente a mesma equipe de seu primeiro sucesso, *O Banquete de Casamento*. Os mesmos técnicos, roteiristas e parte do elenco, com destaque especial para os que fizeram os papéis dos pais no filme anterior. Sihung Lung agora tem o papel fundamental do grande chef de cozinha que enfrenta seu drama maior, pois está perdendo o que tem de mais importante para sua arte: o paladar. E Ah-Lehi Gua, que fazia a mãe no filme anterior, muda agora de registro e faz como comédia, quase caricatura, uma mulher de meia-idade que retorna dos Estados Unidos porque não conseguiu suportar o *American way of life* e agora procura um marido (o velho mestre-cuca poderia ser uma boa escolha).

Não é fácil classificar *Comer, Beber, Viver*. Talvez seja melhor chamá-lo de comédia dramática, ou mesmo romance. Mas é característica hoje dos bons filmes não se limitar a um único gênero. E este já se amplifica pelo próprio título, que no Brasil ganha uma leitura existencial, quase pessimista. No original, entretanto, procura refletir as diferenças essenciais entre as espécies por intermédio da culinária.

É fato notório que a maior parte dos grandes chefs de cozinha é constituída de homens, e isso se repete no filme. Por intermédio do chef Chu são mostrados os bastidores daqueles grandes palácios/restaurantes, tão comuns no Oriente, majestosos em seu formato, em sua iluminação e também em seus festejos. Chu é um homem no fim da vida, instalado numa boa casa que divide com as três filhas, todas insatisfeitas por causa de amores frustrados e que se sentem sufocadas até mesmo pela habilidade do pai, que é capaz de realizar autênticas orgias culinárias todos os domingos (um ritual que elas cumprem com enfado e rebeldia). A tragédia do velho não é apenas sentir que está perdendo a habilidade que dá sentido a sua vida, mas, principalmente, porque percebe que sua arte está se extinguindo. Não interessa mais aos jovens os cuidados, as receitas, o requinte na preparação e na apresentação dos alimentos. Sua arte não tem seguidores, nem mesmo entre seus descendentes. Tudo isso é contado sem lamentações. As refeições são espetaculares, a habilidade de mestre Chu, incontestável.

Grande parte do filme trata da vida das três filhas. A mais nova, que ironicamente trabalha numa lanchonete, é quem resolve sua situação mais rapidamente: arranja um namorado artista, engravida e sai de casa para morar com ele. A outra é uma professora mal-resolvida que não consegue manter um namoro com o professor de educação física que

FICHA TÉCNICA
Comer, Beber, Viver (*Eat Drink, Man Woman* / *Yin shi nan Nu*), Taiwan, 1994. Diretor: Ang Lee. Roteiro: Ang Lee, James Schamus, Hui-Ling Wang. Elenco: Sihung Lung, Kuei-Mei Yang, Chien-Lien Wu, Yu-Wen Wang, Winston Chao, Ah-Lei Gua, Sylvia Chang. Trilha musical: Mader. Montagem: Tim Squyres. Fotografia: Jong Lin. Direção de arte: Fu-Hsiung Lee. Top Tape. 123 min. Disponível nas locadoras.

COMER, BEBER, VIVER

está interessado nela. A terceira é uma competente e bem-sucedida executiva que comprou um novo apartamento de luxo (mas não percebeu que ele foi construído em cima de lixo tóxico). Ela aguarda uma promoção profissional que deverá levá-la a morar fora do país. Elas não conseguem compartilhar nada disso com o pai, que também tem seus segredos revelados apenas ao final da narrativa, quando já está praticamente sozinho em casa.

O esfacelamento da estrutura familiar e a reconstrução desta em novas bases serão sempre ilustrados pela culinária, razão de ser do filme. Comer não é apenas uma necessidade e um prazer, e não está ali apenas como moldura, é a essência das coisas básicas da vida. O filme ao mesmo tempo celebra uma velha tradição culinária em vias de desaparecimento, o esplendor do vermelho com dourado, como também traz uma mensagem de esperança, de renascimento, de reconstrução, sempre em torno da célula familiar, do grande almoço de domingo que tem o poder de rejuvenescer a estrutura familiar.

Sua mensagem apresentou-se de forma tão universal que o filme chegou a ser refeito nos Estados Unidos, ali intitulado *Tortilla Soup* (2001), usando o roteiro original e situações semelhantes adaptadas para a comida mexicana (feitas especialmente para o filme por duas chefs americanas, Mary Sue Milliken e Susan Feniger). O protagonista é o mexicano-americano Martin Naranjo (Hector Elizondo), que volta a ter problemas com suas filhas Maribel (Tamara Mello), Carmen (Jacqueline Obradors) e Letícia (Elizabeth Peña). Quem vive a mulher interessada em se casar com o chef é a ex-*sex symbol* Raquel Welch (que é venezuelana de nascimento e ganhou contornos latinos na maturidade). Curiosamente, o filme também chegou a ser indicado para prêmios (por seu elenco, por mostrar o lado positivo dos latinos etc.) e fez um trabalho semelhante com outra cultura culinária pouco prezada pelo cinema, a riquíssima comida mexicana.

Essa foi a refilmagem oficial, mas houve outra apenas inspirada em *Comer, Beber, Viver* e que nunca assumiu sua origem: *Tudo aos Domingos* (*Soul Food,* 1997), de George Tilman Jr, que mostra uma reunião familiar de uma matriarca depois de quarenta anos. Pretexto para mostrar receitas e prazeres da culinária negra norte-americana, apelidada de *soul* e desconhecida no Brasil. Em 2000, essa produção deu origem à série de TV homônima, de pouca duração.

A perfeição em cada prato

"Não coloque sal no peixe cru; ele perde o sabor e fica ressecado", explica chef Chu a uma de suas filhas que o ajuda na cozinha doméstica. Em Taiwan, a arte culinária é valorizada como tal, e exige muita concentração, cultura e técnica. Já na apresentação do filme, uma seqüência de cenas nos mostra, com detalhes, a competência do chef que mata, abre, eviscera e fileta duas carpas em segundos!

É o começo do filme e também o começo do preparo da refeição de domingo, dia de folga do chef responsável pela cozinha de um grande e luxuoso hotel. Nesse dia, ele reúne as filhas para jantar, mas, pela variedade e quantidade de pratos, daria para ele receber pelo menos trinta convidados! Presas à parede da sua cozinha pode ser vistas uma centena de facas, dispostas segundo o tamanho e a finalidade; uma espécie de mostruário de relíquias desse sacerdote da cozinha.

Os pratos, em Taiwan, espelham as múltiplas influências chinesas e esbanjam características locais. Não faltam ingredientes frescos (a base de seu desenvolvimento industrial se alicerçou na agricultura) e, nesse capítulo, destacam-se frutos do mar e vegetais. Além dos peixes, crustáceos e moluscos, as carnes de vaca, porco e frango são amplamente utilizadas. O porco com arroz cozido ao vapor, os bolinhos cantoneses (Dim-sum) e as tortas de ovo com ostras (O-a-zen) são iguarias muito difundidas. Pratos vegetarianos geralmente usam o tofu (queijo de soja que, em Taiwan, é servido fresco, seco e curtido).

Pratos cantoneses vindos da China, notadamente de Hong Kong, são mais picantes, e a influência gastronômica de Fukien, província da China continental localizada do outro lado do estreito, é chamada de cozinha hoklo, fukienesa e até de taiwanesa.

O pato laqueado, cuja preparação pode ser vista na cena em que Chu, com a boca, enche a ave de ar, é um ícone da gastronomia asiática e, apesar de ser uma receita longa e trabalhosa, certamente é digna de um Oscar.

RECEITA

Pato Laqueado à Moda de Pequim

CHEF THOMPSON LEE

Ingredientes

1 pato de aproximadamente 2 1/2 kg
1 colher de sopa de molho shoyu
2 colheres de sopa de molho hoisin
5 fatias de gengibre
1 1/2 xícara de água
1/4 de xícara de vinagre branco
1/4 de xícara de mel
Cebolinha o quanto baste

Preparo

Tempere a cavidade interior do pato com shoyu, hoisin e gengibre. Costure as cavidades do pato. Utilize uma bomba de ar para inflar o pato pela cavidade do pescoço (este procedimento serve para separar a pele do pato) e reserve-o na geladeira por 3 horas. Utilizando um gancho ou barbante amarrado nas asas do pato, escalde-o em água fervente mergulhando-o e retirando-o da água repetidas vezes. Prepare um caramelo misturando a água, o vinagre e o mel. Cubra o pato com esse molho vezes seguidas. Coloque a ave em um local ventilado por pelo menos 12 horas – utilize um ventilador para auxiliar. Asse o pato em forno preaquecido até a pele ficar dourada e crocante. Sirva-o em fatias finas, acompanhado de crepes no vapor, cebolinha picada e molho hoisin.

A Grande Noite

A cena inicial é clássica: uma freguesa bem norte-americana, o estereótipo da americana classe média dos anos 1950, reclama da demora, do tamanho do seu risoto, da ausência de almôndegas e do espaguete. Um momento de puro terror para o chef italiano Primo, que fica indignado com a ignorância da cliente e dos clientes norte-americanos em geral. Ele quer ir até a mesa para brigar com eles, enquanto o irmão e sócio, Secondo, tenta resolver diplomaticamente o fato. É uma situação que qualquer pessoa que conheça chefs e restaurantes italianos vai entender. Intransigentes, temperamentais e exigentes, são todos pequenos "vatels". Eles não chegam a se matar, mas só servem os fregueses nas condições que consideram ideais. Abrem e fecham o restaurante segundo sua conveniência e duvidam daquele dito que afirma que o freguês tem sempre razão. Com freqüência, na Itália, você come o que o chef deseja e recomenda. Ou pode procurar outro lugar, um *fast-food*, por exemplo. Essa é uma das características curiosas e pouco abordadas pelo cinema da arte de cozinhar e que torna *A Grande Noite* tão especial.

FICHA TÉCNICA
A Grande Noite (*Big Night*) **Estados Unidos, 1996.** Direção: Campbell Scott e Stanley Tucci. Roteiro: Joseph Tropiano, Stanley Tucci. Elenco: Stanley Tucci, Isabella Rossellini, Minnie Driver, Tony Shalhoub, Ian Holm, Marc Anthony, Liev Schreiber, Caroline Aaron, Allison Janney, Campbell Scott. Fotografia: Ken Kelsh. Montagem: Suzy Elmiger. Música original: Gary DeMichele. Direção de arte: Andrew Jackness. Columbia. 107 min. Disponível nas locadoras.

A GRANDE NOITE

Mesmo com os sotaques arrevesados dos protagonistas Stanley Tucci (também co-diretor, co-roteirista e no papel de Secondo) e Tony Shaloub (como o irmão mais velho, Primo, hoje sucesso na série para TV *Monk*, e que está irreconhecível em *A Grande Noite*), o filme dá uma visão rara do interior de uma cozinha nos anos 1950, quando ainda era quase impossível encontrar na América os condimentos e produtos da cozinha italiana. A história é baseada nas experiências reais do co-roteirista Joseph Tropiano, que por acaso também é primo de Tucci e ganhou três prêmios de roteiro (nos festivais de Boston, Sundance e no Independent Spirit). Ele escreveu outro filme sobre comida para TV, intitulado *Just Desserts* (*Tudo por uma Boa Sobremesa*, 2004) sobre uma padaria no Bronx.

No filme, o restaurante dos irmãos está afundado em dívidas. Secondo esconde os problemas financeiros de Primo e tenta uma última cartada: conseguir a visita de uma celebridade, o cantor Louis Prima (que na época fazia sucesso com as canções italianas que são ouvidas na trilha musical do filme). Faz lembrar *Esperando Godot*. Ele nunca virá, mas isso não é tão grave, porque os outros convidados, principalmente os vizinhos, donos do restaurante dançante Pascal, degustam um banquete digno dos deuses. Anunciado por letreiros que afirmam: *La Zuppa, I Primi, I Secondi*, o ponto alto da seqüência é quando Pascal (Ian Holm, de *O Senhor dos Anéis*) tem um ataque e grita: "Eu deveria matá-lo. Está tão bom que eu deveria matá-lo".

No cardápio, o verdadeiro *tour de force* é a preparação cuidadosa e detalhada do prato mais importante, o chamado Tímpano (descrito por Primo como "uma torta com uma crosta especial, tem formato de tambor – timballo – e dentro dela estão as coisas mais importantes do planeta"). Um prato conhecido dos gourmets do cinema, porque é oferecido num jantar de gala do lendário *O Leopardo*, de Luchino Visconti (1963).

A Grande Noite é uma modesta produção independente, feita com amigos, que Tucci co-dirigiu junto com o velho amigo Campbell Scott (filho de George C. Scott e Colleen Dewhurst). O resultado é uma fita humana e sensível, muito bem interpretada, e por vezes tocante. E, principalmente, sincera na sua paixão pela comida e por aqueles que dedicam a vida a aprimorar sabores.

O feijão e o sonho

A eterna luta entre o feijão e o sonho, entre a necessidade de ganhar dinheiro e o desejo de ser coerente com os próprios ideais e convicções, é o dilema do bolonhês Primo, chef e restaurateur em *A Grande Noite*. O cozinheiro/artista não entende nada de marketing, não faz concessões, é fiel às suas tradições e se mantém perseverante no seu propósito profissional: dar o melhor de si, o melhor dos ingredientes, o melhor de sua arte. Sem dúvida alguma, uma declaração de amor pela comida de raiz, autêntica e generosa.

"Comer bem é estar perto de Deus", diz o chef, confirmando a tese de que cada italiano tem, no seu DNA, um gene que reverencia a comida. Impossível discordar, sobretudo diante dos pratos que ele prepara no banquete para recepcionar o cantor Louis Prima. Entre tantas delícias, um trio de risotos e, é claro, o Timballo, o ponto alto da noite. Na cozinha, chef Primo trabalha sob a proteção de San Lorenzo, que na Itália é padroeiro dos cozinheiros e, curiosamente, também dos bombeiros. De uma forma ou de outra, ambos vivem "apagando incêndios", sejam eles as labaredas dos ânimos exaltados dos clientes, das contas pendentes ou do fogo propriamente dito. Tudo isso sem descuidar da massa, do molho, do ponto de cozimento, do salão, dos funcionários, das compras.

RECEITAS

Trio de Risotos

Chef Hamilton Mellão

Risoto de Prosecco

Ingredientes
50 g de manteiga
1/2 cebola ralada
300 g de arroz arbóreo
400 ml de prosecco em temperatura ambiente
1 litro de caldo de frango (veja receita na página 87)
80 g de parmesão ralado
Sal e pimenta do moinho

Preparo
Numa panela, em fogo baixo, coloque a manteiga, junte a cebola e espere murchar. Adicione o arroz e mexa por 1 minuto. Junte então aos poucos o prosecco, continuando o cozimento agora em fogo alto. Sempre mexendo, vá adicionando o caldo de frango até que o arroz fique na consistência "al dente". Acrescente o parmesão e mexa vigorosamente. Tempere com sal e pimenta.

Risoto de Pesto

Ingredientes
120 ml de azeite
1/2 cebola ralada
300 g de arroz arbóreo
1 litro de caldo de frango (veja receita na página 87)
50 folhas grandes de manjericão
10 g de pinoli
50 g de queijo pecorino ralado
50 g de parmesão ralado
Sal e pimenta do moinho

Preparo
Numa panela, em fogo baixo, coloque a metade do azeite, junte a cebola e espere murchar. Adicione o arroz e mexa por 1 minuto. Junte então aos poucos o caldo de frango, continuando o cozimento agora em fogo alto. No liquidificador, bata as folhas de manjericão com o restante do azeite, os pinoli, o parmesão e o pecorino. Sempre mexendo, adicione caldo de frango até que o arroz fique na consistência "al dente". Desligue o fogo, acrescente o pesto e mexa vigorosamente. Tempere com sal e pimenta.

Risoto de Camarão

Ingredientes
50 ml de azeite
1/2 cebola ralada
300 g de arroz arbóreo
80 ml de vinho branco seco
30 g de manteiga
1 litro de caldo de camarão (veja receita na página 87)
200 g de camarão branco limpo, cortados em 3 pedaços cada
Sal e pimenta do moinho

Preparo
Numa panela, em fogo baixo, coloque o azeite, junte a cebola e espere murchar. Adicione o arroz e mexa por 1 minuto. Junte então, aos poucos, o caldo de camarão, continuando o cozimento agora em fogo alto. Sempre mexendo, adicione o vinho e, caso necessário, mais caldo. Nos 5 minutos finais, adicione o camarão (temperado com sal e pimenta) e a manteiga. Deixe atingir a consistência "al dente" e corrija o sal e a pimenta.

Caldo de camarão

Ingredientes (para 1 litro)
50 ml de óleo de milho
1 maço de salsão picado em cubos
1 cebola picada em cubos
1 cenoura descascada e picada em cubos
1 kg de cascas de camarão
1 litro de água fria
1 buquê garni
100 ml de vinho branco seco

Preparo
Aqueça o óleo e o salsão, a cebola e a cenoura. Adicione as cascas de camarão, a água fria, o vinho e o buquê garni e cozinhe em fogo lento, escumando a superfície, por, no máximo, 40 minutos. Coe e resfrie. (Pode ser conservado no congelador por até 6 meses.)

Caldo de frango

Ingredientes (para 1 litro)
1 1/2 kg de asas de frango
200 g de cenouras raspadas e cortadas em cubos
200 g de cebolas cortadas em cubos
100 g de salsão branco, limpo, em cubos
1 buquê garni feito com 10 ramos de salsa,
    1 folha de louro, 1 ramo de tomilho ou segurelha e
    1 cebolinha-verde, amarrados

Preparo
Numa panela grande, ponha todos os ingredientes e cubra com água fria. Leve para ferver, tampado, durante aproximadamente 3 horas, retirando a espuma que se forma na superfície de quando em quando. Deixe descansar por 10 minutos, coe numa peneira e conserve em geladeira (ou no congelador por até 6 meses).

Nos copos
Para o trio de risotos, a melhor companhia é a de um bom e fresco prosecco. Entre tantas escolhas, pode-se optar pelo Prosecco Rugieri ou o Nino Franco, os dois melhores importados que temos por aqui. Contudo, o sucesso deste fenômeno de vendas chamado prosecco acabou por incentivar os italianos da nossa Serra Gaúcha a produzi-lo. Já são encontrados ótimos resultados e bons preços, como o Salton Prosecco e o superelegante Prosecco Valduga.

Timballo

CHEF LUCIANO BOSEGGIA

A exemplo do ragu e da lasanha, que têm numerosas variações, dependendo da região da Itália, o timballo também possui versões distintas. Em Nápoles, são chamados timpàni napoletani e seu recheio difere bastante do timballo abruzzese, que inclui berinjela e é feito com a massa zitti. Em Roma, o recheio do timballo leva fígado de frango e cogumelos porcini. Todos, porém, são envoltos em massa (pasta frolla ou brisé).

O chef Luciano Boseggia sugere sua versão, com alcachofras e lingüiça de picanha. Segundo ele, "é impossível dar uma receita. O timballo é uma criação individual, depende dos ingredientes que estiverem à mão, inclusive de sobras guardadas na geladeira. Reuni-las com equilíbrio é o papel do cozinheiro, e tudo vai depender do seu paladar". Algumas dicas? Ervilhas, ovos cozidos, tomate, presunto, mozarela, miúdos de frango, alcaparras. Quanto à massa, uma boa alternativa é usar massa folhada, que pode ser comprada pronta.

Nos copos

Para o timballo, os vinhos mais indicados são os Ancelota do Dal Pizzol ou o Ancelota do Marson, ambos espetaculares. Os aromas frutados e o corpo sedutor, lembrando as frutas cozidas das geléias das *mammas* italianas, certamente valorizarão ainda mais o prato e se harmonizarão magnificamente com o timballo.

O Jantar

Felizmente, cada vez que bate a desilusão com o estado atual do cinema, acontece um milagre e surge um grande filme, que nos relembra que essa arte não está morta, que existem ainda grandes cineastas capazes de fazer grandes filmes. É o caso deste inesperado *O Jantar* (*La Cena*), do genial diretor italiano Ettore Scola, uma obra comovente até mesmo porque nos faz lembrar os grandes momentos do cinema italiano, da comédia italiana, quando a produção de fitas humanas, sensíveis, engraçadas, profundas e simples como esta era normal.

Quando Stefania Sandrelli (agora cinqüentona, estrela desde os 15 anos) lamenta o destino da filha, Giancarlo Giannini demonstra apenas com o olhar sua impaciência com a amante descontrolada. Quando Vittorio Gassman (que faleceu pouco depois, em 2000, aos 67 anos) interpreta com sua velha exuberância, não temos como esconder o prazer e o encanto de reencontrar velhos ídolos, ainda magníficos, numa fita que nos conquista e nunca nos abandona.

Não é de admirar que Scola tenha acertado, ainda que pela última vez (depois deste, fez apenas outro filme de ficção, o razoável *Concorrência Desleal*, de 2001, com Gérard Depardieu e Diego Abantantuono). Nos áureos tempos do cinema italiano (que desde os anos 1970 infelizmente decaiu muito por causa da televisão e hoje vive de ocasionais lampejos de qualidade como nos filmes de Tornatore ou Gabriele Muccino), o diretor realizou algumas obras-primas, como *Nós que nos Amávamos Tanto* (1974) e *Feios, Sujos e Malvados* (1976). Scola, contudo, cabou se especializando em filmes cuja ação é centrada num único local, seja em um apartamento (*Um Dia Muito Especial*, 1977), em um salão de baile (*O Baile*, 1983), um jardim (*O Terraço*, 1980), uma casa de família (*A Família*, 1986). Ultimamente, ele estava dando a impressão de que havia decaído e até abandonado o cinema (Scola nasceu em 1931), e seu filme anterior (*A História de um Jovem Pobre*, 1995), com Alberto Sordi, era apenas razoável.

De volta ao estúdio e num único e grande set, no caso um restaurante tipicamente italiano, *O Jantar* mantém a unidade de lugar e tempo sem perder o que de melhor tem o cinema italiano: o humanismo, o humor, a riqueza de tipos. A francesa Fanny Ardant (que se manteve em esplêndida forma para seus 52 anos) faz a dona e gerente de um restaurante que está lotado numa determinada noite (local e época do ano são vagos) onde se reúnem fregueses habituais, além de uma festinha de aniversário para uma sobrinha, turistas japoneses e diversos tipos, nunca caricaturais. É incrível, mas os italianos conseguem

FICHA TÉCNICA
O Jantar (*La Cena*). Itália, 1998. Diretor: Ettore Scola. Roteiro: Ettore Scola, Furio Scarpelli, Giacomo Scarpelli, Silvia Scola. Elenco: Vittorio Gassman, Giancarlo Giannini, Stefania Sandrelli, Fanny Ardant, Riccardo Garrone, Marie Gillain, Venantino Venantini, Antonio Catania, Adalberto Maria Merli, Corrado Olmi, Eros Pagni, Daniella Poggi. Música: Armando Trovajolli. Fotografia: Franco Di Giacomo. Montagem: Raimondo Crociani. Direção de arte: Luciano Ricceri. Paris Filmes. 96 min. Disponível nas locadoras.

O JANTAR

criar tipos à beira do ridículo sem nunca cair na caricatura. Temos o velho professor aposentado (Gassman), o filósofo maduro (Giannini) com a aluna jovem que é sua amante (a francesa Gilliam, dublada), o rapaz tímido e frustrado que se senta com um falso místico, um velho ator que tenta convencer o outro a participar de uma montagem teatral, mãe e filho que aguardam convidados que nunca chegam, uma mulher fatal que reúne os vários admiradores, a divorciada (Sandrelli) que reencontra a filha, a qual tem uma revelação a lhe fazer, a filha que janta com o pai a quem culpa por todos os fracassos, a mulher casada que tem caso com um amigo do marido etc. Sem esquecer o pessoal de copa e cozinha, os garçons e cozinheiros que interagem com os clientes. É um microcosmo que representa a própria sociedade, o país em permanente crise.

Orquestrar tudo isso é obra de mestre, o que Scola tira de letra com a competência esperada, conseguindo alguns momentos antológicos, como o longo *travelling* por todos os clientes e empregados enquanto estes ouvem atentamente uma peça musical tocada em harpa. Há muito tempo não se via no cinema um filme que soubesse utilizar o ritual da refeição com um resultado tão brilhante. *O Jantar* é uma prova de que o bom cinema ainda resiste.

O cliente sempre tem razão

Esta é a premissa da dona e gerente do restaurante Arturo al Portico, estabelecido em algum lugar da Itália, onde se desenrola *O Jantar*. Fiel a esse princípio, ela nem hesita em levar o vidro de ketchup à mesa da família de turistas japoneses que pediram o molho para acompanhar, adivinhe, um espaguete à carbonara! Diante do desespero do chef, ela mantém a calma e repete o refrão: "Il cliente ha sempre raggione!". A freguesia heterogênea – e fiel – compõe o elenco do filme numa receita de texturas variadas e, principalmente, inesperadas, apesar de a locação se restringir exclusivamente ao restaurante. Em *O Jantar* a culinária é um personagem constantemente presente e, embora as câmeras não focalizem os pratos com detalhes, os apaixonados pela arte da boa mesa acabam recorrendo à imaginação para tentar descobrir como e com quais ingredientes cada item do cardápio foi elaborado. Para o diretor Scola, uma coisa é certa: "Os personagens saem desse restaurante sabendo um pouco mais a respeito do ser humano, e é isso que espero que aconteça também com o público".

Contrastes e conflitos à parte (intelectuais, sociais, existenciais), difícil não notar o fogo do forno à lenha, de onde saem muitas das receitas da casa. Quem tem um forno desses sabe do que ele é capaz quando se trata de assar, por exemplo, um peixe no sal grosso, um cabrito com ervas, uma leitoa ou o famoso pollo alla Creta — um frango temperado com ervas e coberto de argila, que se solidifica com o calor e é quebrada na hora de servir a ave. Isso sem falar dos pães e das pizzas, sempre perfumados pelos óleos essenciais das madeiras usadas. Na Itália, emprega-se mais o carvalho; no Brasil, o eucalipto, apesar de a acácia ser a preferida no sul do país.

Da cozinha do restaurante saem pratos típicos da cozinha italiana, como braciolas, fígado ao Marsala, lulas à Piemonte, massas típicas e o famoso Stinco di Vitello, na versão de Triesti. Isso sem falar das entradas: embutidos italianos que são um (importante) capítulo à parte da gastronomia da bota.

Em Roma, como os romanos

Comer em Roma é mais do que um prazer, é um tributo à autenticidade e às tradições. Isso ocorre sobretudo nas osterias de Trastevere, onde há uma concentração de encantadoras trattorias, restaurantes e osterias que disputam a clientela se esmerando em receitas regionais saborosíssimas.

O segredo da culinária romana está nos campos do Lazio, uma área de origem vulcânica cheia de depósitos minerais que dão à terra a reserva de vitalidade necessária para acentuar os sabores (e perfumes) de seus produtos. Ervilhas, favas e alcachofras, por exemplo, têm um gosto único naquela pródiga região. É o caso dos carciofi alla romana (alcachofra recheada com farinha de rosca, salsinha, anchova, sal e pimenta) ou então da alcachofra frita "alla judia", cujo nome revela sua origem hebraica.

Entre as receitas de carnes mais apreciadas em Roma estão a Porchetta, leitão temperado com ervas, desossado e recheado, o cordeiro à caçadora, prato que não pode faltar nas comemorações da Páscoa, e a Saltimbocca alla Romana (escalopes de vitela com presunto cru), que estão nos cardápios de muitos dos nossos restaurantes.

Para sobremesa, crostatas e mais crostatas, tortas irresistíveis nos mais variados sabores: uva, maçã, damasco, ricota, pêra.

E já que em Roma devemos agir como romanos, não dispense o vinho Frascati e deixe uma moeda na Fonte dos Desejos, pedindo para voltar à cidade. Costuma funcionar.

Foto realizada no restaurante La Risotteria.

Nos copos
Com os frios, sem dúvida alguma, a melhor harmonização é com um Barbera italiano ou com frisantes tintos secos, como o Lambrusco Grasparossa di Castelvetro Secco. Como alternativa brasileira, sugere-se o imbatível Dal Pizzol Ancelota que, com sua acidez e aromas de frutas cozidas, será um sucesso. Ou ainda o elegante Uxmal argentino, do grupo Catena Zapata, um dos melhores produtores da atualidade e que acompanhará maravilhosamente bem os antepastos.

Antepasto à italiana

Salsiccia diavolina (salame diavolino, assim chamado por ser apimentado), prosciutto cruddo e salsiccia felino são alguns exemplos da variedade dos insuperáveis frios e embutidos italianos. Agora globalizados, os presuntos de Parma e o San Daniele conquistaram o mundo, mas, há séculos, a verdadeira capital da salumeria italiana é Norcia, uma comuna italiana na região da Umbria, província de Perugia. Tanto é assim que o sinônimo para frios e embutidos, na Itália, é "norceria". O antepasto, na maioria dos restaurantes de todo o país e nos almoços familiares, inclui itens como salames, copa, spek, bresaola e mortadela, sempre acompanhados de pão e vinho, que são degustados antes da chegada do prato principal, como é mostrado em diversos filmes italianos.

RECEITAS

Canela de Vitela (stinco di vitello)

CHEF JUSCELINO PEREIRA

Ingredientes

1,2 kg de stinco (canela de vitela), aproximadamente 4 unidades pequenas
Sal grosso e pimenta-do-reino
100 g de cenoura
1/2 cebola média
100 g de salsão
3 dentes de alho inteiros
2 colheres (sopa) de tomilho fresco
2 colheres (sopa) de alecrim fresco
1,5 litro de vinho branco seco
100 g de manteiga
200 ml de azeite extravirgem

Preparo

Tempere a canela de vitela com sal grosso e pimenta. Coloque-a em uma assadeira. Corte em cubinhos a cenoura, a cebola e o salsão e junte os dentes de alho inteiros e descascados. Disponha tudo por cima da carne. Acrescente o tomilho, o alecrim e o vinho branco. Cubra a assadeira com papel-alumínio e leve para assar a 180ºC por cerca de 2 horas. Vire o stinco, retire o papel-alumínio e deixe por mais 20 minutos, até ficar dourado. Reserve. Passe na peneira ou bata ligeiramente no liquidificador o caldo e os legumes da assadeira. Despeje em uma panela e deixe ferver por 5 minutos. Acrescente metade da manteiga e o azeite, e bata com um batedor. Corrija o tempero e sirva a seguir com batatas coradas, legumes na manteiga ou outro acompanhamento de sua preferência.

Berinjela à Parmiggiana

CHEF ALESSANDRO SEGATO

Ingredientes
3 berinjelas
2 xícaras (chá) de farinha de trigo para empanar
300 g de mozarela de búfala
100 g de queijo parmesão ralado
300 ml de molho de tomates frescos ou pelatti
Folhas de manjericão
Azeite extravirgem
Óleo de girassol para fritar
Sal a gosto

Preparo
Corte as berinjelas em fatias de 0,5 cm no sentido do comprimento. Tempere com sal e passe uma a uma na farinha de trigo. Frite todas em óleo abundante e bem quente. Deixe descansar sobre papel absorvente por uns 20 minutos. Em um refratário, monte camadas na seguinte seqüência: molho, queijo ralado, manjericão, azeite, berinjela e mozarela, sucessivamente, até que os ingredientes terminem. Cubra tudo com molho de tomate e mozarela, salpique parmesão ralado, coloque algumas folhinhas de manjericão e leve ao forno por aproximadamente 20 minutos para gratinar.

Nos copos
Aqui caberiam os tintos mais encorpados, como um Sangiovesi mais austero, como o Giacosa Fratelli ou, ainda, um Barbaresco do Angelo Gaja, mais introspectivo e que nos levará à necessária *meditazione finale*. Entre os brasileiros, uma boa sugestão é o Pequenas Partilhas Merlot da Vinícola Aurora, que tem boa acidez, estrutura, e é "macio".

O Amor Está na Mesa

Este não é um filme fácil de encontrar. Não saiu em DVD no Brasil, mas passa com freqüência na TV por assinatura. E há também a edição americana. De qualquer forma, não achamos justo deixá-lo de lado aqui.

Antes de *Simplesmente Martha* (*Mostly Martha*, 2001, Sandra Nettelbeck), foi o pioneiro em fazer comédia sobre os bastidores de uma cozinha classe A, dirigida por um chef temperamental e famoso, superexigente (o problema, dizem os empregados, "não é quando ele implica com você, mas quando o ignora, sinal de que você não tem talento").

Extravagante, o chef ocasionalmente gosta de ficar pelado e até de se trancar no congelador. O papel é representado por uma figura muito francesa, o ator e cantor Eddy Mitchell, que se especializou em cultura americana. Seu nome verdadeiro é Claude Moine, mas ele adotou esse pseudônimo nos anos 1960 quando cantava *rock'n'roll* e se apresentava em programas de TV nos Estados Unidos. Por tudo isso, sua presença aqui como o chef Louis Boyer tem uma leitura especial, irônica, crítica por definição, que é reforçada pelo protagonista, um jovem americano, filho de cozinheiro e que desde criança foi acostumado a comer bem (sua família, porém, capitulou e agora tem uma pizzaria). Esse anti-herói se chama Loren Collins (um nome improvável, coisa de cinema!) e é interpretado por Jason Lee, que naquele momento era mais conhecido como campeão americano de skate. Ele foi chamado para ser ator pelo diretor Kevin Smith (que o usou em *Mallrats / Barrados no Shopping*, 1995 e *Chasing Amy / Procura-se Amy*, 1997), revelando o inesperado talento que desabrocharia quando passou a estrelar, desde 2005, uma série humorística de TV, *My Name is Earl*, na qual faz um caipira que ganha na loteria e resolve corrigir todos os erros que cometeu na vida.

Mas aqui Jason é uma figura simpática, numa comédia leve que não tem qualquer pretensão a não ser brincar com as lendárias figuras dos grandes cozinheiros, suas manias, excentricidades e genialidades. Por mais que satirize tudo, prevalece o olhar complacente, conivente, generoso. Embora haja uma subtrama romântica (do americano com a filha do chefe, a encantadora Irène Jacob), isso acaba sendo secundário para a situação básica, nem sempre conflitante: velho e jovem, veterano e novato, mestre e aprendiz. Isso com pequenas farpas, como o *frisson* causado pela presença de um crítico de culinária que, no final das contas, demonstra ser fiscal do governo! Só depois é que o crítico verdadeiro realmente aparece.

O AMOR ESTÁ NA MESA

Roteirista de filmes sérios como *Complô contra a Liberdade* (1988, Agnieska Holland), Jean-Yves Pitoun preferiu estrear com um roteiro original mais leve, certamente porque é apaixonado por gastronomia. Seu filme é todo pontilhado de pratos suntuosos, detalhes apetitosos e referências culinárias. Desde a primeira cena, só desperta apetite e alegria. O que é muito!

Cozinha com grife

Você é o que você come ou você é aquilo que você assiste?

Claro que gosto não se discute, mas certas preferências (nos pratos e nas telas) podem ser indicativas do tipo de personalidade de quem faz a escolha. Quando são múltiplas, melhor.

Foi feita uma pesquisa na Inglaterra sobre a influência do cinema no comportamento dos cinéfilos, e, surpresa, grande número deles confessou julgar as pessoas também em função dos seus filmes preferidos. E você? Já ficou "de pé atrás" quando alguém disse alto e bom som que só assiste a filmes "leves" e que detesta os chamados filmes "cabeça"? Chegou a pensar em excluir da agenda o nome daquele conhecido(a) que odeia os filmes do Almodóvar, por acaso seu diretor preferido?

FICHA TÉCNICA
O Amor Está na Mesa (*Cuisine Américaine*) França/EUA, 1998. Direção e roteiro: Jean-Yves Pitoun. Elenco: Jason Lee, Eddy Mitchell, Irène Jacob, Isabelle Petit-Jacques, Sylvie Loeillet, Anthony Valentine, Michel Muller, Heather Mattarazo. Música: René-Marc Bini. Fotografia: Jean-Marie Dreujou. Montagem: Mônica Coleman. Direção de arte: Valérie Grail, Deana Sidney. 92 min.

99

Em se tratando de comida, o comportamento é o mesmo. Há aqueles que resistem em experimentar novos pratos e até novos restaurantes. Muitas vezes, a exclusão se mistura ao preconceito e, quase sempre, vira uma limitação. No caso do chef Louis Boyer, transformou-se em intransigência. Ou seja: só os pratos que saem da cozinha dele são bons e devem ser saboreados. Só ele sabe cozinhar. Os outros, bem, melhor desprezar.

O curioso é que, apesar do perfeccionismo e das exigências com os funcionários, ele próprio abre uma lata de ravióli ao molho de tomate e, sem ao menos esquentar a massa, faz dela seu café-da-manhã! Extravagâncias à parte, para uma comédia como *O Amor Está na Mesa*, isso até rende boas risadas, mas, na vida real, há chefs iguais a ele. E como sofrem! Sofrem porque um cliente confundiu a taça de Sauvignon com a de Bordeaux, sofrem porque aquele outro pediu a carne bem passada (para alguns deles, o absurdo dos absurdos!) e, pior, descontam esses "sofrimentos" nos empregados e estagiários do restaurante – um comportamento bem ao estilo do chef inglês Gordon Ramsay, que fez disso sua marca registrada e a transformou em sucesso em seriados para a TV. Se você considera seu trabalho estressante, visite a cozinha dele assistindo ao *reality show* e veja a pressão que os funcionários sofrem. Especialmente os que não são franceses, como o norte-americano do filme (Jason Lee), que vai trabalhar com o rabugento chef Boyer.

Nas cozinhas "de verdade", o clima também esquenta de vez em quando. Os clientes, longe da ebulição dos ânimos e das panelas, podem, tranqüilamente, experimentar a perfeição dos pratos, saborear um bom vinho e aplaudir o chef. E é isso que dá vontade de fazer quando vemos as receitas de Louis Boyer desfilando na tela.

Na cena em que ele tenta conquistar a confiança do seu novo funcionário, prepara uma salada verde acompanhada de tiras de presunto cru e de fatias de um belíssimo pão. E abre o sublime champanhe La Grande Dame. Existe jeito melhor de selar uma amizade?

La Grande Dame
Assim era conhecida a Sra. Barbe-Nicole Ponsardin (que se casou em 1798 com o Sr. Cliquot). Ela mostrou extraordinária persistência e tenacidade para gerenciar os negócios depois de ficar viúva. Foi ela quem desenvolveu o método do "dégorgement", que consiste em maturar o champanhe com o gargalo para baixo nos cavaletes *pupitres*, para assim terem seus depósitos da maturação assentados ali. Em seguida, os gargalos são congelados, permitindo que se destampem as garrafas e retire-os sem perder o champanhe. Esse é o momento da adição do *liquer d'expedition*, que define se o champanhe será brut, demi-sec etc. Esse método foi concebido pela viúva e patenteado por ela, que fez da sua Maison de Champagne (durante trinta anos) a única a vender um champanhe límpido e sem sedimentos. Essa audaciosa senhora cruzou a Europa numa carroça cheia de garrafas e foi à Rússia vender seu produto aos czares! Em 1972, no bicentenário da Maison, foi lançado no mercado um champanhe de seus melhores vinhedos, chamado de "La Grande Dame", numa justa homenagem à simpática velhinha. Este se transformou no objeto do desejo de milhares de privilegiados consumidores.

RECEITA

Lula Recheada

CHEF MARIE-FRANCE HENRY

Ingredientes da lula
600 g de filé de linguado limpo
600 g de camarão sete-barbas limpo
320 g de tomate seco
200 g de cebola
2 dentes de alho
100 ml de azeite
Sal e pimenta a gosto
12 unidades de lula grande limpa

Preparo da lula
Corte o linguado, o camarão, o tomate seco e a cebola em cubos pequenos. Doure a cebola e o alho no azeite. Junte o linguado, o camarão e o tomate seco, e doure por aproximadamente 3 minutos. Tempere com sal e pimenta a gosto. Resfrie. Recheie as lulas e feche-as com palitos de dente. Reserve.

Ingredientes para o molho de vinho tinto
800 ml de vinho tinto seco
400 ml de caldo de frango (não muito concentrado)
100 ml de óleo
100 g de farinha de trigo

Preparo do molho
Junte o vinho e o caldo de frango, leve ao fogo e reduza pela metade. Misture o óleo e a farinha, tomando cuidado para não formar grumos. Acrescente essa mistura ao molho, mexendo bem para que fique homogêneo, sempre em fogo baixo. Coloque as lulas recheadas no molho e deixe cozinhar por 5 minutos em fogo alto.

Ingredientes para o duo de arroz
160 g de arroz branco
80 g de arroz selvagem

Preparo do duo de arroz
Cozinhe o arroz branco e o arroz selvagem separadamente (instruções na embalagem). Misture os dois e reserve.

Finalização e montagem
Coloque o arroz em uma forma individual, previamente untada com manteiga, e desenforme no centro do prato. Disponha 3 lulas em cada prato, em um dos lados do arroz, e regue com uma concha de molho. Decore com um ramo de ciboulette.

Vatel – um Banquete para o Rei

Poucos filmes conseguem impor um novo adjetivo, ou um personagem tão marcante que se torna adjetivo, como é o caso de (François) Vatel, símbolo de um artista obsessivo e perfeccionista, um homem íntegro e honesto que prefere se matar a enfrentar um fracasso injusto. Sua arte está acima de tudo, sem concessões ou compromisso. Pela honra, ele aposta sua vida. Claro que, como todos os grandes filmes, *Vatel* não conta os fatos como sucederam ao pé-da-letra. A película segue o conselho de John Ford, que em *O Homem que Matou o Facínora (The Man Who Shot Liberty Valance*, 1962, John Ford) forneceu a fórmula: "Quando a lenda é maior do que a realidade, publique-se a lenda". Foi assim no Velho Oeste, é assim na recriação da corte do jovem Luís XIV, da França, ainda antes de ele se tornar o Rei Sol, mas deixando sua marca no país até hoje.

O roteiro premiado de Jeanne Labrune (e que teve a mão de Tom Stoppard, autor de *Shakespeare Apaixonado*) situa toda a ação em três dias e se inspira em fatos reais. Em 10 de abril de 1671, na França, François Vatel é mestre-cozinheiro a serviço de um general aposentado, Condé, morador do Castelo de Chantilly, que vai receber a visita de Sua Majestade, o rei Luís XIV, e deseja impressioná-lo da melhor maneira possível. Mesmo com pouco dinheiro, prepara uma orgia culinária, com uma exibição notável de pratos suntuosamente apresentados.

Filme de abertura do Festival de Cannes, *Vatel* foi fracasso de bilheteria na França. Teve apenas uma merecida indicação ao Oscar de direção de arte (perdeu injustamente para um filme que estava na moda naquele ano, *O Tigre e o Dragão*). Porque realmente a produção da fita é espetacular. Por vezes, espantosa, tendo em vista que nem mesmo em outros dramas históricos anteriores (nem mesmo o posterior *Maria Antonieta*) podemos ver com tanta riqueza de detalhes e precisão os bastidores de uma cozinha. Isso sem falar na apresentação dos pratos. Difícil encontrar um filme tão apetitoso. É uma narrativa propositalmente provocadora, inquietante, que discute valores ainda hoje válidos e importantes. Um filme que comemora a comida, o paladar, a apresentação requintada, a refeição como uma festa dos sentidos. Não é uma mera recriação do passado, é uma celebração. É uma fita que enche a boca e os olhos de água.

Foi pelas mãos do chef e maître d'hotel François Vatel (1635-1671) que a extravagância gastronômica dos nobres franceses do século XVII atingiu o auge da suntuosidade. Enquanto a opulência e a fartura imperavam nas mesas da nobreza privilegiada, o povo passava fome nas ruas, lançando as primeiras sementes da Revolução Francesa.

FICHA TÉCNICA
Vatel' – um Banquete para o Rei (*Vatel*)
França/Inglaterra. 2000. Diretor: Roland Joffé. Produção: Alain Goldman e Joffé. Roteiro: Jeanne Labrune (com Tom Stoppard). Música original: Ennio Morricone. Fotografia: Robert Fraisse. Montagem: Noèlle Boisson. Direção de arte: Louize Marsarolli, Cecília Montiel, Jean Rabasse. Elenco: Gérard Depardieu, Uma Thurman, Tim Roth, Julian Glover, Julian Sands, Timothy Spall, Arielle Dombasle, Hywell Bennett, Richard Griffiths, Murray Lanchlan Young. Imagem/Lumiére. 117 min. Disponível nas locadoras.

VATEL – UM BANQUETE PARA O REI

Parisiense nascido em uma família de origem suíça, Vatel foi batizado como Fritz Karl Watel. Seu pai trabalhava na França como operário especializado em fazer telhados, mas o jovem Fritz não quis seguir a profissão paterna e decidiu dedicar seu talento à arte de fazer pães. Para aprender os segredos da profissão, adotou o nome de François Vatel e pediu emprego ao padrinho de seu irmão, Jehan Heverard, proprietário de uma *boulangerie* onde trabalhou por sete anos. Em 1653, a convite de Pouilly, o maître d'hôtel de Nicolas Foucquet (na época superintendente das Finanças Reais), foi trabalhar para a nobreza como ajudante de cozinha. Ativo, dedicado, organizado e, sobretudo, competente e criativo, Vatel foi rapidamente promovido a maître d'hôtel. A 17 de agosto de 1661 realizou seu primeiro grande jantar para os ilustres convidados de Foucquet: o rei Luís XIV, a rainha-mãe e toda a corte. Além dos elogios, o sucesso daquele jantar lhe garantiu o respeito da nobreza e a possibilidade de trabalhar nas mais coroadas cozinhas da França.

Abandonando os sabores herdados da cozinha da Idade Média, Vatel reduziu o uso das especiarias (consideradas cada vez menos como produtos de luxo) para privilegiar, em seus pratos, o sabor genuíno dos alimentos, e não o dos temperos. Com essa inovação, consolidou sua fama e conquistou a admiração da corte. Curiosamente, hoje em dia os cardápios dos grandes chefs de cozinha franceses refletem explicitamente essa postura.

Um chef/artista a serviço da alta gastronomia, Vatel usava com freqüência os jardins dos castelos para servir refeições/instalações, evento que incluía atores e bailarinos, efeitos especiais e fogos de artifício em superproduções que revelavam seu talento de arquiteto, iluminador, diretor, pintor e cenógrafo. No entanto, sua vida, inteiramente dedicada a surpreender e dar prazer aos patrões e a seus convidados, teve um trágico final: ao constatar que um fornecedor trouxera peixe insuficiente para o banquete que estava preparando, o perfeccionista Vatel preferiu o suicídio à vergonha do insucesso.

Vatel não foi o único chef que cometeu suicídio ao constatar um fracasso culinário. Em 1966, Alain Zick se matou por ter perdido uma estrela no *Guia Michelin* e, em 2003, Bernard Loiseau optou pelo suicídio quando seu restaurante teve a nota rebaixada no guia *Gault/Millau*.

Comilão e cozinheiro autodidata

Gérard Depardieu – ao viver o papel do infeliz Vatel –, além de ganhar o reconhecimento da crítica e do público, também adquiriu o interesse pela gastronomia e sua história. Nas telas, Gérard voltou a representar o papel de chef em *As Férias de Minha Vida* (*Last Holliday*, 2006, Wayne Wang). Sem deixar de lado sua profissão de ator, hoje Depardieu é proprietário de dois restaurantes em Paris, um deles especializado em frutos do mar, e autor do livro *Ma Cuisine*, lançado em 2006, que contém suas receitas prediletas.

Depardieu também é apaixonado por vinhos e relata no livro sua experiência como produtor: "Comprei meu primeiro vinhedo há mais de trinta anos, com um hectare de área, na Borgonha". No final dos anos 1980, adquiriu o Château de Tigné, em Anjou (100 hectares), e muitos outros mais, inclusive fora da França. Atualmente, sua produção anual ultrapassa a marca das 250 mil garrafas. Outras personalidades da sétima arte são também felizes proprietários de vinícolas, como Francis Ford Coppola, Lorraine Bracco e Sam Neil.

Em entrevista para o crítico inglês Tim Atkin, do *The Observer*, Depardieu afirma: "Minha ambição é cuidar dos meus vinhos e trabalhar como um artesão. Sonho em redescobrir as antigas tradições e costumes de fazer vinho, não necessariamente negando a tecnologia que temos hoje, mas usando-a para trabalhar em harmonia com a natureza". Aleluia!

> Reza a lenda que Vatel foi o "inventor" do creme chantili, um assunto que ainda gera controvérsias e cujas referências se perderam ao longo da História. No entanto, a versão mais divulgada é que o número insuficiente de claras usadas para a preparação do merengue – que serviria de cobertura aos bolos – fez Vatel experimentar bater a nata do leite para substituí-las. Para adquirir mais consistência, foi acrescido açúcar à nata. Nascia então o creme chantili, assim batizado pelo simples fato do "incidente" ter ocorrido no Castelo de Chantilly.

RECEITA

Saint Honoré

CHEF FABRICE LENUD

Ingredientes da massa
500 ml de leite
225 g de manteiga
1 pitada de sal
10 g de açúcar
250 g de farinha de trigo
500 ml de ovos (9 unidades)

Preparo
Em uma panela, ferva o leite, a manteiga, o sal e o açúcar. Assim que ferver, junte a farinha e misture energicamente, com uma espátula ou colher de pau, durante um minuto. Fora do fogo, junte os ovos aos poucos, um a um. Numa assadeira untada com manteiga e utilizando um saco de confeitar e um bico liso, pingue as bombas. Asse em forno aquecido a 160ºC durante 15 minutos. Deixe esfriar antes de rechear.

Creme Pâtissier

Ingredientes
10 gemas
280 g de açúcar
100 g de amido de milho
1 litro de leite
Aromatizante (sugestões: chocolate, café, baunilha)

Preparo
Leve o leite para ferver. Numa tigela, misture as gemas com o açúcar. Mexa até esbranquiçar e junte o amido de milho. Despeje em cima do leite fervendo e cozinhe, misturando sempre com um batedor, durante 3 minutos após a fervura. Deixe esfriar, aromatize e guarde na geladeira.

Creme Chantili

Ingredientes
300 ml de creme de leite fresco
30 g de açúcar

Preparo
Misture os ingredientes com um batedor até o creme ficar firme e branco. Cuidado para não passar do ponto, pois o creme vira manteiga.

Caramelo

Ingredientes
500 g de açúcar
170 ml de água

Preparo
Leve os ingredientes para ferver até obter a coloração desejada (dourado, marrom-claro).

Montagem das Bombas

Fure as bombas de massa choux por baixo e as recheie com creme pâtissier do sabor desejado. Caramelize as bombas.

Montagem do Saint Honoré

Num disco de massa folhada, pingue um anel de massa choux, leve para assar e, após esfriar, disponha as bombas recheadas e caramelizadas na lateral do disco. No centro do disco, alise uma camada de creme pâtissier e cubra com chantili usando um saco de confeitar e bico pitanga. Sirva gelado.

Nos copos
Para o Saint Honoré de Vatel, sugere-se o Sangue d'Oro Passito di Pantelleria 2002, das uvas Moscato de Alexandria, do vinhedo de Carole Bouquet, esposa de Depardieu. Com sua cor dourada e reflexos âmbar e seu aroma de cascas de laranja, abricot e canela, ele fica estupendo com o bolo. Mais um caso em que caberia a elegância do Espumante Moscatel Casa Valduga.

Chocolate

No Oscar de 2000, a distribuidora-produtora Miramax fez sua campanha sempre eficiente de promoção de produto e conseguiu cinco indicações para *Chocolate*: o de melhor filme, mas não o de melhor diretor, mesmo sendo o sueco Lasse Hallström, que no prêmio anterior foi indicado por *Regras da Vida*; o de melhor atriz, a francesa e adorável Juliette Binoche, que já ganhou o Oscar como atriz coadjuvante por *O Paciente Inglês* (*The English Patient*, Anthony Minghella, 1996); o de atriz coadjuvante, a inglesa Judi Dench, que já ganhou o prêmio por *Shakespeare Apaixonado* (*Shakespeare in Love*, John Madden, 1998); o de melhor trilha musical, para Rachel Portman, que foi a primeira mulher a ganhar nessa categoria por *Emma* (*Emma*, Douglas McGrath, 1996); e o de roteiro adaptado. Nada mal para um filme que não passaria para a história do cinema, mas que é sempre citado como uma diversão agradável e apetitosa, lembrando demais outros filmes (em particular, *Como Água para Chocolate*).

Endereçada particularmente ao público feminino, é uma fábula bem no estilo "Era uma vez", passada nos anos 1950, em uma pequena vila francesa (Lasquenet), que é transformada pela chegada de uma jovem mãe solteira (Binoche) que chega acompanhada da filha pré-adolescente. Sabe-se vagamente que ela tem uma mãe vinda da América do Sul, da região dos Incas ou Maias, que lhe confiou o segredo de como fazer chocolate com propriedades mágicas ou, no mínimo, afrodisíacas. Esse chocolate era capaz de despertar nas pessoas qualidades ou sentimentos que há muito elas traziam adormecidas.

Vianne Rocher (Binoche) não tem grandes problemas para abrir sua loja de chocolates, apesar de provocar a ira do prefeito carola (Alfred Molina), ao recusar assistir à missa. Aos poucos, o chocolate começa a fazer efeito, reconciliando uma velha rebelde e excêntrica (Dench) que há tempos não se dá com o neto por causa da filha moralista (uma surpreendente aparição de Carrie-Anne Moss, de *Matrix* e *Planeta Vermelho*, demonstrando versatilidade). Conta-se ainda a história da infeliz esposa de um violento marido (o sueco e bergmaniano Peter Stormare) que larga tudo e se rebela antes de enlouquecer (o papel é de outra sueca, Lena Olin, que na vida real é mulher do diretor, o também sueco Hallström).

Ou seja, o espírito do filme é europeu, e por isso leva certo tempo para desenrolar, devagarzinho, o fio da meada. Então, finalmente acontece a esperada crise: chega uma barca com ciganos, liderados por Johnny Depp, que logo tem um casinho romântico com Juliette. A população não gosta e deseja que eles sejam expulsos dali.

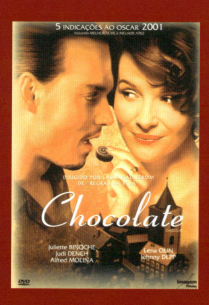

CHOCOLATE

FICHA TÉCNICA
Chocolate (*Chocolat*) **Estados Unidos, 2000.**
Direção: Lasse Hallström. **Roteiro:** Robert Nelson Jacobs (baseado em livro de Joanne Harris). **Elenco:** Juliette Binoche, Lena Olin, Johnny Depp, Judi Dench, Leslie Caron, Alfred Molina, Peter Stormare, Carrie-Anne Moss, John Wood, Hugh O'Connor, Victoire Thivisol. **Música:** Rachel Portman. **Fotografia:** Roger Pratt. **Direção de arte:** Lucy Richardson. Miramax/Lumière. 121 min. Disponível nas locadoras.

Embora nada de muito importante aconteça, *Chocolate* é uma fita envolvente, com bons atores (há uma adorável pontinha especial da veterana Leslie Caron para uma senhora que finalmente desperta para o velho admirador John Wood). Talvez lhe falte um pouco mais de sabor, talvez pimenta, ou aquela bendita especiaria secreta da receita especial de Binoche. No máximo, dá vontade de ir correndo à bombonnière mais próxima. E, com isso, saciar nossa vontade de verdadeiro chocolate.

O chocolate nas telas

A crescente moda de chocolate no cinema teve um precursor: o musical infantil *Willy Wonka* e *A Fábrica de Chocolate*, de 1971, com Gene Wilder. Este filme é a adaptação de um famoso livro infantil do inglês Roald Dahl, que teve a inteligência de perceber a atração que o chocolate exerce sobre as crianças. A refilmagem de 2005, *A Fantástica Fábrica de Chocolate*, com Johnny Depp, foi ainda mais bem-sucedida e mais bizarra. E como o cinema dita receitas, nós aqui só adotamos a mistura de morango e chocolate inspirada no filme homônimo, feito em Cuba, em 1994 (de Tomas G. Alea, que na verdade era um panfleto a favor do amor gay, então finalmente liberado pelos comunistas). O chocolate também é parte integrante da trama em *A Teia de Chocolate* (*Merci pour le Chocolat*, do ilustre Claude Chabrol, 2000), sobre intrigas na família dona de uma fábrica

de chocolate suíço. Outros chocolates memoráveis do cinema: o musical *O Soldado de Chocolate*, 1941, com Jeanette MacDonald e Nelson Eddy, e o canadense e lésbico *Melhor do que Chocolate* (*Better Than Chocolate*, Anne Wheeler, 1999).

Doce obsessão

"Eu só quero chocolate" foi um dos grandes sucessos da carreira de Marisa Monte, e a música virou um hino dos chocólatras, os viciados em chocolate. Alguns médicos, como o psiquiatra paulistano Sergio Klepacz, explicam a dependência: "O chocolate é um agente liberador de dopamina, um neurotransmissor que é o principal combustível do centro de gratificação e prazer que temos no cérebro. O chocolate, para alguns, estimula esse centro de prazer, provocando uma sensação de felicidade que pode se transformar em vício".

Poucos alimentos oferecem um prazer gustativo tão amplo ou tanta versatilidade quanto ele, cujo nome real é *Theobroma Cacao* – mistura da palavra grega *theobroma* e da asteca *cacahualt* – cujo significado é "alimento dos deuses". Venerado pelos mortais, no filme da vida de cada um de nós é quase impossível não existir uma cena em que o chocolate seja a estrela, ainda que nas lembranças de infância.

George Bernard Shaw, numa das suas frases mais inspiradas, afirmou que "não há amor mais sincero do que o amor pela comida". Se ele conhecesse alguns chocólatras assumidos, talvez substituísse o substantivo *amor* por *paixão*, já que a paixão por chocolate é a mais viva, intensa e fiel que existe. Nos seus mais de 3.000 anos de história, o chocolate atuou profundamente na alma, no psiquismo e na economia internacional de toda a humanidade. No peso também, mas é melhor deixar isso de lado.

Alguns mitos a seu respeito têm sido contestados cientificamente. Pouca gente ainda acredita que ele provoca espinhas na pele, para alívio dos adolescentes e dos chocólatras nada anônimos que fazem, de sua doce obsessão, tema das mais variadas conversas sobre os últimos lançamentos do produto e que gemem de puro prazer diante de uma lata dos bombons alemães Mozart Kugeln – que desde 1865 produz maravilhas doces, recheadas ou não de marzipã, mas sempre surpreendentes.

Giacomo Casanova, o incansável conquistador, atribuía sua virilidade ao chocolate quente que tomava diariamente e que o deixava inspirado para o amor.

Tudo começou nas florestas mexicanas e nas da América Central, onde cresciam as árvores de *Theobroma Cacao*. O processo que transformaria suas amargas sementes em deliciosos chocolates levou centenas e centenas de anos para ser concluído. Na Europa, aonde chegou pelas mãos dos espanhóis que conquistaram a América Central, era inicialmente servido como bebida estimulante aos reis e aristocratas, até ser democratizado nos cafés. Nos séculos XIX e XX, passou a ser industrializado e tornou-se acessível a todos, apesar de manter o *status* de item de luxo em seus variados formatos e sabores.

Nos cinemas, o filme *Chocolate* fez mais sucesso por deixar os espectadores com água na boca do que pelo seu enredo, talvez doce demais para aqueles que preferem chocolate meio-amargo. Mas é nas livrarias americanas e européias que o chocolate é *best-seller*. São dezenas de publicações por ano sobre o assunto, como *The True History of Chocolate*, de Sophie e Michael D. Coe (Ed. Thames Hud), *The Chocolate Bible*, com seiscentas ilustrações, e o clássico *All About Chocolate*, de Carole Bloom, com várias edições.

PARA UM BOM CHOCOLATE
• Ainda que sejam mais caros, use apenas chocolates de boa qualidade e de boa procedência.
• Antes de picar ou ralar o chocolate, deixe-o na geladeira por 10 minutos, para que ele possa ser manuseado mais facilmente.
• Jamais derreta o chocolate diretamente sobre o fogo. O correto é derretê-lo em banho-maria.

Bombons da Pâtisserie Douce France.

RECEITA

Doce de chocolate (gattò al cioccolato)

Chef Carlos Siffert

Ingredientes
100 g de manteiga sem sal
200 g de chocolate meio-amargo
4 ovos e 2 gemas
1 pitada de sal
3/4 xícara de açúcar
1 colher de chá de essência de baunilha
80 g de farinha de trigo peneirada
25 g de laranja (casca) glaceada picada em cubinhos (*brunoise*) – opcional
100 g de amêndoas moídas
50 g de cacau em pó
Canudos de chocolate

Preparo
Preaqueça o forno em temperatura média. Derreta a manteiga e o chocolate em banho-maria; retire e deixe amornar. Bata os ovos e as gemas com a pitada de sal até espumar; junte aos poucos o açúcar, batendo sempre. Junte a baunilha e bata até triplicar de volume, resultando numa mistura fofa e clara. Incorpore a mistura de chocolate e manteiga aos ovos batidos com o açúcar, mexendo rapidamente. Junte então a farinha, peneirando e misturando delicadamente. Ao final, misture as laranjas glaceadas e as amêndoas e transfira para uma assadeira untada, forrada com papel-manteiga, untada novamente e enfarinhada. Asse por 25 minutos. Retire do forno (ainda estará relativamente úmido), deixe esfriar e decore com cacau em pó e canudos de chocolate. Polvilhe nos cantos com açúcar impalpável.

Simplesmente Martha

Dizem que só dá certo na vida quem é obsessivo naquilo que faz, e é melhor que seja por paixão. Mas a alemã de Colônia, Martha Klein, exagera. Quando visita o psiquiatra, forçada por sua patroa, a dona do restaurante do qual é chef de cozinha, em vez de falar de sua vida particular, discute receitas e detalhes de execução. Como, por exemplo, a melhor maneira de matar uma lagosta sem ser cruel. Quando alguém reclama do ponto de um foie gras no restaurante, Martha não tem dúvidas, enfrenta e desacata o cliente. E, para entreter os amigos, experimenta receitas.

Talvez o problema seja justamente ela não ter vida particular. Definitivamente, sua vida é a cozinha, a comida. Mas um dia a vida lhe dá um presente de grego. Sua única irmã (papel breve, feito pela diretora do filme) morre num acidente de automóvel e não há mais ninguém além de Martha para cuidar da sobrinha, Lina, de 8 anos. E, como se não bastasse, sua patroa contrata outro chef para ajudá-la, um italiano que lhe aparece (ouvindo ao fundo a canção "Volare", de Domenico Modugno) e pede a ela, espantado: "Por favor, conte-me o segredo do seu molho de açafrão!". Ele chega ao restaurante com a missão de criar pratos leves, principalmente peixes, com azeite de oliva em vez de manteiga, e pouco colesterol.

São todas essas as crises que a heroína desta comédia romântica tem de enfrentar. O filme não apenas possui um ritmo europeu (ou seja, menos esfuziante do que o americano), como não tem medo de ser um filme sobre comida. Foi um dos primeiros a abordar um tipo de personagem que só recentemente ficou popular: os chefs de restaurantes. Martha é tão envolvida na sua profissão que se esquece de ser mulher. Até tenta, mas as experiências são desajeitadas e malsucedidas.

Dramaticamente, o filme tem dois conflitos centrais: a tentativa de relacionamento da solteirona Martha com a sobrinha carente (que insiste que procurem o pai dela desaparecido, do qual sabe apenas o nome, Giuseppe, e a cidadania, italiana) e o conflito de poder entre a heroína e o chef italiano, exuberante e simpático, de um estilo totalmente diverso. Há ainda um terceiro conflito, periférico: a batalha surda entre a dona do restaurante e Martha (como diz o italiano, "este lugar pode ser seu, mas sem ela é apenas um monte de metal"). No filme, tudo isso é sempre permeado pela culinária, o movimento da cozinha, a convivência entre os funcionários (que cerimoniosamente tomam as refeições juntos numa grande mesa), a resistência da sobrinha em aceitar os pratos preparados por Martha (e que é dobrada pelo espaguete do rival).

SIMPLESMENTE MARTHA

FICHA TÉCNICA
Simplesmente Martha (*Bella Martha / Mostly Martha*) Alemanha/Itália, 2001. Direção e roteiro: Sandra Nettelbeck. Elenco: Martina Gedeck, Maxime Foerste, Sergio Castellitto, August Zirner, Sibylle Canonica, Katia Studt, Antonio Wannek, Idil Üner, Oliver Broumis, Ulrich Thomsen. Fotografia: Michael Bertl. Montagem: Mona Bräuer. Direção de arte: Thomas Freudenthal, Antonio Tarolla. Trilha musical: Manfred Eicher. Paramount. 106 min. Disponível nas locadoras.

Parece que a intenção é mesmo colocar em conflito dois tipos de visão da culinária e, por extensão, da vida. Martha, uma alemã certinha, fria e impassível e Mario, que também é apaixonado pelo que faz, mas para quem isso não é impedimento para os outros prazeres da vida. É a atração dos opostos que acaba tecendo as malhas de uma comédia romântica totalmente passada no mundo da cozinha e que encantou em festivais a ponto de conquistar para o filme uma rara distribuição internacional.

Grande parte da delicadeza do filme é fornecida pela alegre trilha musical de Manfred Eicher, um dos fundadores da gravadora de jazz ECM e que ditou o tom leve e jazzístico responsável pelo ritmo do filme.

Além dos diversos prêmios recebidos (melhor filme em Créteil, melhor ator europeu para Sergio Castellitto; e para Martina Gedeck, o de melhor atriz alemã), outra mostra do sucesso de *Simplesmente Martha* foi a venda dos direitos para uma refilmagem: o longa *Sem Reservas* (*No Reservations*), da Warner. Dirigida pelo australiano Scott Hicks (de *Shine – Brilhante*), traz Catherine Zeta-Jones como a chef Kate Armstrong, Aaron Eckhart como o chef Nick e a menina Abigail Breslin (de *Pequena Miss Sunshine*) como a sobrinha.

Conservando basicamente a mesma trama, a nova versão muda a nacionalidade do herói feito agora por Aaron Eckhart, que deixa de ser italiano mas ainda é apaixonado por comida italiana e diz ser neto de italianos. Também mal menciona a origem do pai da sobrinha, muito bem interpretada por Abigail Breslin. O roteiro porém é fiel a quase todas as situações e até mesmo diálogos originais, mudando um pouco na parte final para acentuar o conflito romântico. Até mesmo a trilha musical chega a utilizar o estilo de música e canções de *Simplesmente Martha*. Logicamente, a culinária continua a ter também a mesma ênfase e importância.

Nesta comédia, amor e comida não são entidades separadas. Ao contrário, se completam, se engrandecem, se amplificam. Ideal para quem gosta de diversão sofisticada, mas acessível.

Técnica *versus* intuição

A exemplo de outras relações afetivas, amar e transitar pelo universo gastronômico permite variados tipos de vínculo. No caso da chef Martha, o amor pela cozinha e o perfeccionismo na execução das técnicas culinárias poderia ser interpretado como uma forma de exercício de poder. Ou como refúgio para fugir da solidão. Ou, ainda, como um reforço para a auto-estima e a segurança. Talvez você encontre outras interpretações e justificativas para o comportamento de Martha, mas o que se vê na tela é o confronto entre o jeitão latino e descontraído de lidar com as panelas (representado pelo chef Mario) e a rigidez irrepreensível da chef alemã. Não se trata de saber quem cozinha melhor. A questão é observar como cada um dos chefs, dentro da mesma cozinha, administra seu ofício. São posturas diferentes, tanto na manipulação dos ingredientes quanto na forma de se relacionar com eles e com a profissão em si. É o "tempero interno" de cada um que faz a diferença.

Restaurantes em cena

Você já viu algum filme de máfia sem ao menos uma cena passada em um restaurante? Em geral são várias, e muito importantes, até porque é lendário o fato de que a organização investiu no ramo em Nova York, conforme se pode constatar na trilogia *O Poderoso Chefão*, em *Os Bons Companheiros* (*Goodfellas*, 1990, Martin Scorsese), *Um Novato na Máfia* (*The Freshman*, 1990, Andrew Bergman – com Marlon Brando satirizando Don Corleone) e muitos outros. Entre esses filmes está o simpático *Uma Receita para a Máfia* (*Dinner Rush*, 2000), de Bob Giraldi, uma história em que vários personagens se cruzam num restaurante do bairro de Tribeca, em Nova York, onde o velho dono (Danny Aiello) é também bookmaker – e os mafiosos aparecem por lá exigindo que ele venda o estabelecimento. Mas há outras variantes de filmes que têm restaurantes como peças-chave. O protagonista de *O Pianista*, de Polanski, tocava piano num restaurante húngaro; Roberto Begnini era garçom em *A Vida é Bela*; Robert De Niro interpretou um dono de restaurante em *Touro Indomável*. E Rocky Balboa se tornou restaurateur no sexto filme da série. Adam Sandler era um chef de cozinha famoso em *Espanglês*. No clássico *Meu Jantar com André* de Louis Malle, fala-se muito e não se come. *Au Petite Marguery* é um filme francês de 1995 que mostra os altos e baixos do restaurante homônimo. Vale lembrar também o mais radical dos filmes que têm restaurante como set: *O Cozinheiro, o Ladrão, sua Mulher e o Amante*, de Peter Greenway, de 1989, cuja orgia gastronômica termina em canibalismo.

O ritmo frenético da cozinha do Restaurante Lido faz desfilar pela tela pratos irresistíveis, de apresentação arrojada, equilibrando cores e texturas com mãos de mestre. Codornas, coelhos, peixes, cordeiros, lagostas, saladas, molhos e sobremesas se sucedem, cronometrados, precisos, impecáveis, fazendo de *Simplesmente Martha* um genuíno *food film*. Mas a verdadeira refeição, aquela que deixa saudades, acontece no apartamento de Martha, quando o chef italiano se convida para cozinhar lá, levando todos os ingredientes e expulsando a chef da própria cozinha.

A proposta dele é criar um clima alegre e descontraído, especialmente por causa da sobrinha de Martha, ainda ressentida com a morte da mãe. Para espanto da chef, o jantar é servido no chão. "Estamos acampando", justifica Mario. Nas travessas, pimentões grelhados, presunto cru com aspargos, berinjela assada, pão italiano fatiado e um apetitoso espaguete na manteiga. Com três garfos e muito humor, os chefs e a menina têm uma noite inesquecível.

Em outra cena, dos dois chefs sozinhos, acontece uma degustação às cegas extremamente sensual, talvez uma sugestão para você experimentar com a pessoa amada. Ela está de olhos vendados, e Mario, sentado a sua frente, vai colocando na boca de Martha colheradas de uma sopa surpresa para que ela adivinhe os ingredientes. "Vinho branco. Manjericão. Conhaque. Alho-poró, salsão, cebola." Claro que a adivinhação termina no longo beijo que ela define como "anis". Ponto para ela, que identificou os sabores. Ponto para ele, que, de forma criativa, usou a gastronomia para conseguir o que queria. Por que não tentar?

RECEITAS

Salada de Figos Frescos

CHEF JUSCELINO PEREIRA

Ingredientes para porção individual
Folhas verdes
Peito de frango cozido e fatiado
Figos frescos
Sal, pimenta-do-reino e vinagre balsâmico a gosto

Preparo
Disponha sobre os pratos um mix de folhas verdes (alface lisa, crespa, radicchio etc.). Sobre elas, fatias de peito de frango cozido e fatiado. Decore com figos frescos cortados em 4 pedaços e tempere com sal, pimenta-do-reino moída na hora e vinagre.

Nos copos
Os vinhos ideais para acompanhar tanto a Salada de Figos Frescos como a Truta ao Molho de Açafrão certamente são aqueles feitos de uva Torrontés. A Torrontés argentina, por exemplo, é bastante floral e untuosa, e suas características farão um casamento perfeito com os dois pratos: com os figos, por ser floral, e ela realçará o sabor do peixe, graças à presença do molho de açafrão.

Truta ao Molho de Açafrão

Chef Maria Emília Cunali

Ingredientes para o molho
2 colheres de sopa de manteiga sem sal
1 cebola pequena picada
2 colheres de sopa de alho-poró picadinho
1 colher de sobremesa de farinha de trigo
1/2 xícara de vinho branco seco
2 colheres de café de açafrão em pistilo
200 ml de caldo de peixe
Sal e pimenta-do-reino branca a gosto
2 colheres de sopa de creme de leite fresco

Preparo
Em fogo baixo refogue, em uma colher de manteiga, a cebola e o alho-poró. Acrescente a farinha, mexa bem, junte o vinho e deixe evaporar. Dissolva o açafrão no caldo de peixe e incorpore à mistura. Mexa bem e deixe que ferva até reduzir. Tempere com sal e pimenta-do-reino branca. Adicione o creme de leite. Coe em peneira fina, volte ao fogo, coloque a colher de manteiga restante e reserve.

Ingredientes para o peixe
1 truta limpa e eviscerada
Sal e pimenta-do-reino moída na hora
Farinha de trigo o quanto baste
1 colher de sopa de manteiga

Preparo
Tempere a truta com sal e pimenta. Passe-a levemente sobre a farinha de trigo, dos dois lados, e frite-a em frigideira de fundo grosso untada com manteiga. Deixe dourar bem de ambos os lados. Sirva imediatamente.

O Filho da Noiva

Em algum momento do começo do século XXI, o cinema argentino foi descoberto pelo público brasileiro, que aprendeu a admirar a qualidade técnica e artística dessas produções. Aprendeu a admirar, principalmente, suas histórias sempre humanas, sobre gente comum que enfrenta situações com as quais nos identificamos. Talvez o filme divisor de águas tenha sido este *O Filho da Noiva*, que veio recomendado com vinte e quatro prêmios e por uma indicação (muito desejada pelos brasileiros) ao Oscar de melhor filme estrangeiro. Um filme que acabou por tornar popular o ator central, Ricardo Darin (conhecido também por sua atuação em *Nove Rainhas*).

Parte do charme do filme é a naturalidade com que os problemas da Argentina são tratados. O herói, Rafael Belvedere, de 42 anos, divorciado, luta para manter aberto seu restaurante diante da falta de dinheiro, de fornecedores, da pressão de compradores e do alto preço dos ingredientes (como mascarpone para o Tiramisù) e ainda se empenha em manter a namorada e cuidar da filha pré-adolescente. Quando recebe a visita do velho pai, os dois são parados por um guarda de trânsito que vai aplicar uma multa. "Não podemos resolver de outra maneira?", pergunta Rafael, e lhe oferece uma nota de cinqüenta pesos. "Só que ela é falsa", diz o guarda, depois de examiná-la. "Nisso continuamos os melhores", conclui o amargo herói. Pronto: já conhecemos o momento, a situação histórica, a corrupção arraigada nos costumes.

Outra cena reveladora é quando surge um fiscal no restaurante, que descobre um cigarro de maconha e parece ameaçador (na verdade, é uma brincadeira de um ex-colega de escola, Juan Carlos, ator de cinema). "Filme argentino eu não assisto", afirma Rafael.

Não se engane com o título e a temática, o filme não é um drama sobre uma velha senhora que está num asilo e sofre de Alzheimer. Na verdade, ele provoca mais risos que lágrimas. Essas passagens constituem uma parte pequena da trama, que é centrada no filho dela, e o tom da narrativa é leve. Mesmo a ilustre Norma Aleandro (que também estrelou o único filme argentino que ganhou um Oscar, *História Oficial*, de Luiz Puenzo, em 1985) tem uma participação relativamente pequena. O que não deixa de ser uma pena, pois é uma excelente presença quando atua. Rafael tem dificuldade em aceitar a doença da mãe, agora vivendo num asilo de velhos. Ele quase nunca a visita, e nesses encontros ela alterna momentos de alguma lucidez com outros de pura fantasia.

O FILHO DA NOIVA

FICHA TÉCNICA
O Filho da Noiva (*El Hijo de la Novia*) **Argentina, 2001. Direção: Juan José Campanella. Roteiro: Campanella e Fernando Castets. Elenco: Ricardo Darin, Hector Alterio, Norma Aleandro, Eduardo Blanco, Natalia Verbeke, Gimena Nóbile, David Masajnik, Claudia Fontán. Fotografia: Daniel Shulman. Música: Angel Illaramendi. Direção de arte: Mercedes Alfonsín. Montagem: Camilo Antolini. Europa Filmes. 123 min. Disponível nas locadoras.**

Dirigido com competência por Juan José Campanella (de quem vimos também *Clube da Lua*, de 2004, e que com freqüência dirige episódios de séries da TV americana), o filme é centrado no dono de uma cantina cuja crise pessoal se acentua quando tem um ataque do coração e é obrigado a reavaliar suas prioridades.

O filme é sobre Rafael e a necessidade de amadurecer e assumir suas responsabilidades, principalmente quando o pai (Hector Alterio, que fez par com Norma antes, em *História Oficial*) resolve renovar os votos de matrimônio com a mãe, coisa que não é tão fácil (a Igreja Católica se recusa a realizar a cerimônia, tendo em vista que ela não tem total domínio da razão). Em clima de comédia (ainda que dramática), o filme é muito argentino (e, portanto, universal, até porque, em certo momento, eles comentam que o país vive em estado de permanente crise há anos). Com um elenco de qualidade, a película tem o grande mérito de conquistar a simpatia da platéia, que se identifica com os personagens e participa de seus problemas. Não é exatamente um *food film*, mas mostra que a culinária e a arte de receber são o cenário e as circunstâncias determinantes na criação daquelas figuras. A gente ri um pouco, chora às vezes e, quando termina, tem a certeza de ter visto um bom filme, daqueles que podemos recomendar aos amigos.

Chef estressado, enredo saboroso

Quem já teve a experiência de acompanhar o dia-a-dia do chef proprietário de algum restaurante viu de perto o que é viver em permanente ebulição. No caso do personagem Rafael Belvedere, que toma um café atrás do outro, fuma um cigarro atrás do outro, e atende a uma ligação atrás da outra, as pressões se intensificam. O leque de problemas parece não ter fim, como uma espécie de complô do qual ele se torna vítima: é o funcionário que falta, o vinho que não é entregue, o cheque que volta por falta de fundos, e até o Tiramisù, a sobremesa emblemática do restaurante, que perde pontos depois que o mascarpone foi substituído por um queijo mais barato, como medida de economia. Os problemas familiares completam o quadro de estresse que provoca o enfarte do personagem.

Em meio a toda a tensão, um oásis de tranqüilidade: a cena em que Rafael e seu pai abrem um belo champanhe e saboreiam o verdadeiro Tiramisù, agora feito com o legítimo mascarpone em homenagem ao aniversário da mãe doente que vive em um asilo. Menos tranqüila, mas igualmente importante para cinéfilos e gourmets, é a cena do almoço em que é servido o tagliatelli na manteiga dentro de um parmesão escavado para conter a massa e, assim, impregná-la de perfume e sabor. Imperdível!

PARMIGGIANO REGGIANO

O parmesão mais famoso do planeta, sempre copiado e nunca igualado, é produzido nas regiões italianas de Reggio, Parma, Bolonha e Mântua. Para sua textura e sabor, não há equivalentes — ainda que na Argentina seja feito o queijo reggianito, de qualidade inegável, mas não comparável ao original.
A elaboração do Parmiggiano Reggiano chega a durar mais de um ano, e durante o processo não são admitidas interferências químicas para acelerá-lo. Presença obrigatória em grande parte das receitas italianas (massas, sopas e risotos), sua "certidão de nascimento" é impressa na casca, que deve conter, obrigatoriamente, o número do lote, o do produtor e o selo de qualidade concedido pelo Consórcio de Tutela.
Leve, apesar do sabor personalíssimo, o Reggiano é um bom queijo de mesa e faz uma ótima parceria com vinhos tintos densos e até mesmo com espumantes (prosecco e champanhe). Experimente.

RECEITAS

Tiramisù

Chef Juscelino Pereira

Ingredientes
7 ovos (gemas e claras separadas)
100 g de açúcar
300 g de mascarpone
100 g de biscoitos amaretto
180 ml de café quente, bem forte
40 ml de conhaque
600 g de biscoitos champanhe (com açúcar fino)
40 g de cacau em pó

Preparo
Em um recipiente, bata as gemas com metade do açúcar até formar um creme esbranquiçado. Reserve. Em outro recipiente, bata as claras em neve firme. Acrescente o restante do açúcar e bata mais, até formar picos. Junte o creme de gemas com as claras em neve e o mascarpone. Misture até formar um creme homogêneo e reserve. Triture os biscoitos amaretto e reserve. Misture o café com o conhaque e também reserve.

Montagem
No fundo de uma forma, espalhe 1/3 dos biscoitos amaretto triturados. Por cima, espalhe 1/3 do creme com mascarpone, formando uma camada. Cubra com 1/3 dos biscoitos champanhe embebidos dos dois lados na mistura de café com conhaque (pegue um biscoito por vez, molhe na mistura de café e ponha-o imediatamente sobre o creme com mascarpone, formando uma camada). Repita a seqüência de camadas mais duas vezes.
Para finalizar, passe o cacau em pó em uma peneira fina e polvilhe-o, cobrindo toda a superfície. Leve à geladeira por, no mínimo, 1 hora.

Nos copos
Para acompanhar tão requintada sobremesa, vale experimentar o maravilhoso Licor de Tannat, do Uruguai, um vinho fortificado produzido com uvas Tannat, excelente parceira do Tiramisù. Para quem prefere a combinação clássica com champanhe, uma ótima escolha é a Veuve Clicquot Ponsardin (que é a preferida das preferidas entre os brasileiros), mas vale ainda arriscar uma terceira alternativa, econômica, que é o Moscatel TerraNova do Vale do São Francisco, de surpreendente elegância e frescor.

Tagliatelli na Manteiga em Ninho de Parmesão

CHEF HAMILTON MELLÃO

Ingredientes

1 queijo parmesão inteiro de aproximadamente 5 kg
1 kg de tagliatelli
1/2 kg de manteiga
Sal a gosto

Preparo

Escave o parmesão e reserve. Pique finamente os pedaços retirados. Cozinhe a massa (tagliatelli ou espaguete) em água salgada abundante. Escorra a massa, junte a manteiga e misture bem. Disponha a massa dentro do queijo escavado e salpique os pedaços de parmesão. Sirva a seguir.

Nos copos

Para o tagliatelli, os melhores parceiros são os vinhos tintos italianos, de médio corpo, como os chianti Borgo Scopetto ou o Castelo di Gabiano (da uva Barbera). Nasceram um para o outro! Entre os vinhos nacionais, o Merlot do Pizzato ou do Lidio Carraro, jovem e estruturado, são boas alternativas. Mas atenção: não se esqueça de deixar o vinho respirar (abrindo-o 20 minutos antes de servir), para que possa mostrar todo o esplendor que o prato exige.

Um Casamento à Indiana

É muito curioso que a maior indústria de cinema do mundo, a da Índia, seja praticamente desconhecida no Brasil. Ela produz mais de mil filmes por ano, mais que o dobro de Hollywood (é chamada pela imprensa de Bollywood, numa referência bem-humorada à similar americana), e tem um faturamento de 1,5 bilhão de dólares (o que é relativamente pouco diante do faturamento americano, que é por volta de 18 bilhões de dólares anuais). Isso se explica justamente por que esse cinema não é exportado. Na verdade, a maior parte dos filmes indianos de hoje é feita no sistema digital, de qualidade duvidosa, e distribuída apenas em algumas províncias onde se falam diferentes dialetos. Um dos obstáculos para a aceitação no exterior são alguns hábitos de uma enorme população (cerca de 1 bilhão de pessoas), ainda dividida por castas e preconceitos religiosos, com um poder centralizador e moralista (lá existe uma censura rígida). Há também o agravante de os filmes indianos terem, obrigatoriamente, vários números musicais – que interrompem a ação às vezes sem motivo aparente. Isso ocorre até em fitas de ação e suspense.

Esses fatos têm impedido uma maior veiculação de uma cinematografia e de uma cultura fascinantes, também simbolizadas pela culinária. Esta é rica, original, extremamente apetitosa, colorida e condimentada, e está repleta de especiarias e sabores exóticos. Apenas dois cineastas indianos têm repercussão internacional. Um deles, Satyajit Ray (1921-1992), realizou filmes neo-realistas e chegou a ganhar um Oscar especial quando estava perto de morrer. Mas o Ocidente praticamente o desconhece. A outra cineasta, Mira Nair (1957), é uma mulher que representa a nova Índia, tendo escolhido caminho oposto. Diretora, produtora e documentarista nascida em Bhubaneshwar, Orissa, ela é formada em Sociologia pela Universidade de Nova Délhi, e foi atriz em uma companhia de teatro indiano até ficar insatisfeita com as possibilidades de evolução, tanto acadêmicas quanto artísticas, na Índia. Radicada nos Estados Unidos desde 1979, especializou-se em Sociologia em Harvard e participou da companhia teatral de Barry John, onde conheceu e recebeu aulas do mestre Peter Brook. Iniciou-se no cinema como documentarista e jamais abandonou o tom sociológico em seus filmes, ainda que tratados com sutileza. O reconhecimento internacional veio com seu longa de estréia, *Salaam Bombay*, de 1988, premiado em Cannes e indicado para o Oscar de Melhor Filme Estrangeiro. Três anos depois, com *Mississippi Masala*, voltou a ser premiada em Cannes, Veneza e também na Mostra Internacional de São Paulo. Seu filme fazia uma alegoria com a comida, ao falar da Masala, mistura de condimentos, ali feitos por indianos radicados nos Estados Unidos.

UM CASAMENTO À INDIANA

Com *Um Casamento à Indiana*, rodado em um mês e com a participação de vários parentes da cineasta no elenco, ganhou o Leão de Ouro de Melhor Filme em Veneza, tendo sido a primeira mulher e a primeira indiana a ser premiada nesta categoria na história do Festival. Em 2002, outra honra: presidiu o júri do Festival de Cinema de Berlim. Desde então, dirigiu filmes na Inglaterra (*Feira das Vaidades / Vanity Fair*, 2004, com Reese Witherspoon) e nos Estados Unidos (*The Namesake*, 2007), sem abandonar suas tradições ou sua terra natal.

Já sabemos que filmes sobre casamentos são comuns em toda parte, principalmente no cinema americano. É a ocasião propícia para fazer uma comédia de costumes, reunindo um grupo de pessoas numa situação de tensão, em que podem ocorrer problemas e surpresas, sempre numa atmosfera festiva. Mas sem assistir a este filme fica difícil imaginar o que é a festividade na Índia, uma explosão de cores (em particular, de vários tons de vermelho) num país que não tem medo do exagero. A história ainda irá culminar com a chegada das monções (a temporada anual das chuvas). Como diziam os anúncios: "As chuvas vão chegar e também a família".

A história acompanha os problemas de uma família grande, os Verma, de Délhi, quando sua filha Aditi (Vasundhara) se prepara para se casar com Heman, um programador de computadores que mora em Houston, nos Estados Unidos. Ele é um "não-residente" que volta para encontrar a noiva escolhida pelos pais, num casamento arranjado, coisa ainda comum na Índia, embora a noiva seja uma moça moderna (ela aceitou o casamento porque ficou impaciente com o ex-namorado casado, um apresentador de televisão). Dentro da tradição do gênero, a gente vai se envolvendo com os personagens, os preparativos e, principalmente, com os pais da noiva, Lalit (Naseeruddin) e Pimmi (Lillete).

FICHA TÉCNICA
Um Casamento à Indiana (*Moonsoon Wedding*)
Índia, 2001. Direção: Mira Nair. Roteiro: Sabrina Dhawan. Elenco: Naseeruddin Shah, Lillete Dubey, Shefali Shetty, Vijay Raaz, Tilotama Shome, Vasundhara Das, Parvin Dabas, Kamini Khana, Roshan Set. Musical: Mychael Danna. Fotografia: Declan Quinn. Montagem: Allyson C. Johnson. Direção de arte: Sunil Chabra. Europa Filmes. 114 min. Disponível nas locadoras.

Ele se preocupa com o tempo, a felicidade de sua família, seus deveres como anfitrião e em especial com o custo da festa, que inclui um organizador, P. K. Dube (Vijay). Um detalhe importante: todos os personagens falam inglês e misturam palavras em Hindi ou Punjabi. Isso também reflete o estado atual de um país em transformação (onde se pode pensar em estudar literatura e tornar-se escritor nos Estados Unidos). Mas a questão básica é saber se os noivos vão gostar um do outro, enquanto em volta deles florescem outros romances. A bela prima Ayesha (Neha Dubey) sente-se atraída por Rahul (Randdep Hooda), que veio da Austrália. Outra prima descobre que um amigo da família que abusou dela agora pode fazer o mesmo com outra menina.

Aos poucos, o espectador vai se envolvendo na trama, nas cores brilhantes, na música constante e, em particular, na presença da culinária, que perpassa a narrativa. Um filme que não deixa de ter a cara de Bollywood, ainda que música e dança entrem no filme com a lógica dos musicais americanos (ou seja, ilustrando algo ou adiantando a história). É uma orgia de flores, cores, comidas, permeada por energia, amor e paixão. Isso apresentado, todavia, sem nunca perder a dimensão humana. Em qualquer lugar do mundo, os problemas são iguais. Muda apenas o bufê.

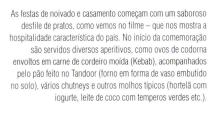

As festas de noivado e casamento começam com um saboroso desfile de pratos, como vemos no filme – que nos mostra a hospitalidade característica do país. No início da comemoração são servidos diversos aperitivos, como ovos de codorna envoltos em carne de cordeiro moída (Kebab), acompanhados pelo pão feito no Tandoor (forno em forma de vaso embutido no solo), vários chutneys e outros molhos típicos (hortelã com iogurte, leite de coco com temperos verdes etc.).

O culto das especiarias

Quando falamos em Índia, a primeira associação que fazemos é com o perfume e o sabor do curry, certo? Errado! Curry é o nome inglês de origem indiana para uma mistura de diversas especiarias. Ele é empregado em vários pratos de origem asiática. Os hindus usam o termo curry unicamente para nomear os ensopados de legumes, carnes ou peixes que trazem esse composto de condimentos. Para fazer seus temperos, os indianos levam em consideração três aspectos a serem observados antes de realizar a "alquimia": o sabor, a cor e o perfume (o chamado *garam massala*, que é colocado depois do prato pronto). No entanto, o aspecto mais valorizado é que seja uma receita familiar, daquelas passadas confidencialmente de geração em geração, cada qual com a sua combinação de especiarias e ervas, mas sempre piladas em almofariz. O cozinheiro daquele país possui mais de vinte e cinco tipos de especiarias para preparar seus pratos, e os indianos garantem que essa poderosa mistura de temperos ativa o suco gástrico, fornecendo micronutrientes ao organismo e facilitando a digestão. A base da mistura geralmente são o cardamono e a pimenta, protagonistas de receitas que podem incluir cravo, gengibre, canela, entre tantos outros.

Os derivados do leite são especialmente valorizados na Índia, que os considera benéficos para intensificar a espiritualidade e auxiliar a digestão. O raita, por exemplo, é um molho de iogurte com especiarias e produtos vegetais usado em muitos pratos para fazer contraponto ao sabor apimentado. E o panir é um produto caseiro a meio caminho entre o requeijão e a coalhada, consumido com sopas e verduras ou frito em pequenos cubos.

O pão indiano, nas suas diversas formas, é muito consumido, assim como o arroz, especialmente o do tipo basmati, muito aromático e usado em pratos específicos, como o tradicional Biryani. O coco e seu leite também são empregados em numerosas receitas. Quanto aos molhos, a mistura de frutas, hortaliças e ervas aromáticas dá lugar a duas diferentes famílias: os chutney e os achars (semelhante ao picles). O chutneys, molho agridoce, é preparado com frutas e tantas especiarias quantas o seu criador for capaz de unir. Os achars são preparados com hortaliças ou frutas conservadas em suco de vinagre.

Vale lembrar que oitenta por cento da população da Índia é vegetariana (aproximadamente 750 milhões de pessoas) e, em função disso, os pratos elaborados com vegetais têm um preparo cuidadoso e requintado, como é o caso do Bhindi Vai, feito à base de quiabo e usado como acompanhamento para peixes. Do Tandoor (espécie de forno em forma de vaso embutido no chão), saem muitas das especialidades indianas (tandoori), como os espetos embutidos nas brasas e os pães assados em suas paredes laterais. Para adoçar a boca e a vida, apresenta-se uma das sobremesas mais apreciadas no país: a Gulab Jamun, bolinhos de leite recheados com pistache e servidos com calda de caramelo e cardamono.

RECEITA

Frango Indiano (bhuna chicken)

Chef Mukesh Chandra

Ingredientes

300 g de coxas e sobrecoxas de frango
1/2 limão
Sal
1 colher de café de curry em pó
1/4 de cebola em cubos pequenos
1/4 de pimentão em cubos pequenos
1/2 tomate em cubos pequenos
1/2 colher de chá de alho
1/2 colher de chá de gengibre
1/2 colher de café de cúrcuma em pó
100 ml de polpa de tomate
2 colheres de sopa de iogurte natural
4 colheres de sopa de leite de coco
1/2 colher de café de páprica picante
1 colher de café de páprica doce
1/2 colher de café de coentro em pó
2 colheres de sopa de óleo
1 pitada de Garam Masala (mistura de cardamomo, canela, cravo e anis-estrelado moídos em pó finíssimo)
Coentro verde
1/2 xícara de chá de água

Preparo

Tempere os pedaços de frango com limão, folhas de coentro verde, sal e uma pitada de curry em pó. Frite a cebola, o pimentão, o tomate e os pedaços de frango em óleo bem quente. Refogue bem durante alguns minutos, adicione a água, o alho, o gengibre, a cúrcuma, as pápricas, o coentro em pó e o restante do curry em pó. Acrescente a polpa de tomate e misture. Adicione o iogurte, o leite de coco e sal a gosto e deixe apurar por mais alguns minutos. Após desligar o fogo, salpique Garam Masala e deixe abafado por 2 minutos antes de servir.

> **Nos copos**
> Assim como outros temperos regionais (como a mostarda e o dendê), o curry dificulta a escolha do vinho para acompanhá-lo. Segundo os críticos de gastronomia, um curry forte "mata" todos os vinhos, enquanto os mais leves admitem um branco aromático ou um tinto leve e não tânico. A escolha é sua, mas a autêntica bebida indiana é o Lassi, um shake de iogurte com especiarias, ideal para acompanhar os pratos condimentados.

Casamento Grego

De todas as instituições do *American way of life* nenhuma é atualmente mais prestigiada, ao menos no cinema, do que o casamento. Não importa a religião, o que vale mesmo é a festa, a celebração – muitas delas com regras peculiares e um tanto ridículas. Tudo é ensaiado: a cerimônia, o jantar para a família e convidados, os testes da comida que será servida e até os depoimentos dos padrinhos e parentes. Em torno do casamento existe, hoje em dia, uma indústria que certamente movimenta milhões de dólares (revistas, livros, planejadoras de casamento, firmas de *catering*, que cuidam da comida, e assim por diante). Em especial para as mulheres, casar é um sinal de *status*, o maior que podem conseguir, começando com um anel de brilhante de noivado e concluindo com uma aliança de casamento. Pouco importa que, segundo as estatísticas, metade (ou perto disso) desses casamentos esteja destinada ao divórcio. Ao menos o ritual foi cumprido com todas as suas particularidades, como a despedida de solteiro, por exemplo.

Como acontece com freqüência, foram os ingleses que levantaram a lebre ao conseguir o inesperado sucesso por *Quatro Casamentos e um Funeral* (*Four Weddings and a Funeral*, Mike Newell, 1994), que estabeleceu a regra. Casamento é para paquerar garotas, beber muito e fazer besteira impunemente. E, se possível, se apaixonar pela garota errada, como acontece memoravelmente com Hugh Grant e Andie MacDowell. No mesmo ano, na Austrália, outro filme seguia o mesmo caminho, Trata-se de *O Casamento de Muriel* (*Muriel's Wedding*, 1994, P. J. Hogan), com Toni Colette (e, nesse caso, a comida era a vilã porque a garota precisava emagrecer!).

A fórmula se repetiria com variações em filmes posteriores, como *O Casamento do Meus Sonhos* (*The Wedding Planer*, 2001), em que Jennifer Lopez é uma planejadora de casamentos que se apaixona pelo noivo (Matthew McConaughey). Ou *O Casamento do Meu Melhor Amigo* (*My Best Friend's Wedding*, 1997) de P. J. Hogan, o mesmo diretor de *O Casamento de Muriel*, em que Julia Roberts tenta roubar o noivo, que era também seu melhor amigo (Dermot Mulroney). Nesse filme, há uma seqüência em que todos os convidados vão conhecer um tradicional restaurante de frutos do mar, no qual a maior atração são os caranguejos.

Para ser justo, houve precedentes no gênero, liderados por Robert Altman que, em *Cerimônia de Casamento* (*A Wedding*, 1978), foi o primeiro a apresentar uma festa de casamento como um microcosmo (a sacada era que todos no filme e na festa tinham um segredo para esconder). Mas, ao

FICHA TÉCNICA
Casamento Grego (*My Big Fat Greek Wedding*) Estados Unidos, 2002. Diretor: Joel Zwick. Roteiro: Nia Vardalos. Elenco: Nia Vardalos, John Corbett, Lainie Kazan, Michael Constantine, Gia Carides, Louis Mandylor, Andrea Martin, Joey Fatone, Bess Meisler, Bruce Gray. Fotografia: Jeffrey Jur. Montagem: Mia Goldman. Música: Chris Wilson e Alexander Janko. Europa Filmes/Gold Circle. 95 min. Disponível nas locadoras.

CASAMENTO GREGO

contrário dos europeus, como Ingmar Bergman em *Cenas de um Casamento* (*Scener ur ett Äktenskap*, 1973), que dissecavam os males e problemas da instituição, os americanos continuavam acreditando no mito da Cinderela e utilizando o cinema como válvula de escape ou a maneira mais barata de fazer sonhar e compartilhar fantasias.

De todos os filmes sobre o tema, talvez o mais gastronômico seja *Casamento Grego*, por ser um dos únicos em que a comida ganha seu devido lugar de importância. Na verdade, o mito da Cinderela está presente em todo o filme, a começar por sua autora, roteirista e estrela, Nia Vardalos. Foi ela quem concebeu a história, autobiográfica, a qual transformou num monólogo teatral semiprofissional. Por sorte, a peça foi vista por Rita Wilson, mulher de Tom Hanks, que resolveu transpô-la para o cinema. Fez o filme de baixo orçamento e a princípio não obteve êxito. Foi esnobado no Festival de Toronto e nenhum distribuidor pensou em lançá-lo, mesmo com a produção de Hanks e Rita Wilson. O elenco era quase desconhecido (o mais famoso era o galã John Corbett, que havia aparecido em *Sex and the City*), e o filme havia custado apenas cinco milhões de dólares. Ou seja, não interessaria a ninguém. A película acabou sendo adotada por uma firma pequena e foi lançada em poucas salas. Aos poucos, no entanto, foi crescendo, fazendo sucesso pelo boca a boca (coisa rara, hoje em dia), de tal forma que depois de doze semanas alcançou mais salas e tornou-se o maior sucesso americano do ano – e em muitos anos, principalmente em relação ao custo, ultrapassando os 150 milhões de dólares! Alguém deveria ter tido mais confiança no faro do casal Hanks (Rita é de origem grega, como a protagonista da fita). Ou seja: surgiu uma Cinderela nos bastidores e na fita.

Casamento Grego conta a história de Toula Portokalos, uma mulher de trinta anos, de

família grega (eles são donos de um restaurante grego chamado The Dancing Zorba's), que já é considerada solteirona e encalhada, mas que consegue estudar computação e trabalhar na agência de turismo de uma tia, onde conhece um professor. Os dois resolvem se casar e aí começam os problemas, com o pai se opondo porque ele não é grego e assim por diante.

No fundo, é uma comédia de costumes com boas piadas. Foi consagrada como a melhor comédia do ano (ao menos para o público), teve indicação ao Oscar de Roteiro, mas errou quando deu origem a uma série de TV semanal, um grande fiasco. É engraçada, humana, divertida, sem baixaria, sem idiotice, acessível a todos e de fácil identificação (mesmo quem não é grego vai ver alguma coisa de sua origem e família na fita). A atriz Nia já tinha 39 anos e é bem feiosa, com um olho para cá e o outro para lá. Ou seja, é fácil gostar dela. Estranhamente, não virou estrela, e seu filme posterior foi um injusto fracasso (*Connie e Carla / Rainhas da Noite*, 2004).

Filmes sobre casamentos são muitos, mas sempre funcionam. Este aqui não perde uma piada, uma brincadeira; todas espirituosas, nenhuma apelativa. O elenco é ótimo e traz também gente que nem grega é (como a judia Lainie Kazan, que representa a mãe; Andrea Martin, no papel da tia, e Michael Constantine, que interpreta o pai e é dos poucos que é mesmo grego). Cada um tem sua piada favorita. Por exemplo: quando os pais do noivo, bem americanos, ou seja, bem desinformados, sabem que a futura sogra é grega, comentam: "Você teve uma secretária que era grega, não é? Ou seria armênia?". Depois de um longo tempo, chegam à conclusão: "Ela era da Guatemala!". Para americano, tudo é a mesma coisa. Mas o filme não é qualquer coisa. Um sucesso merecido e também uma grande oportunidade para divulgar uma das mais queridas cozinhas do mundo, a grega. Ao brincar com os estereótipos e as mazelas dos greco-americanos, fazem tudo com afeto e sinceridade. De tal forma que, ao sair, você também quer experimentar um moussaka e, quem sabe, quebrar meia dúzia de pratos.

Pratos inquebráveis

Você até pode, no clima de euforia grega, quebrar uma dúzia de pratos. Mas nunca, nunca mesmo, poderá fazer alterações nas receitas ancestrais. Os pratos gregos são fiéis às tradições e à influência nitidamente mediterrânea, temperados com a mesma exuberância e generosidade de suas azeitonas e de seu azeite de oliva. Na Grécia clássica, os cozinheiros gozavam do mesmo prestígio dos poetas e filósofos. Nada mais coerente para um povo que sempre privilegiou a boa mesa.

Geralmente, a refeição começa com a onipresente salada grega, servida com azeitonas e queijo feta (de ovelha). No Dancing Zorba's,

Nos copos

O "Oúzo" (pronuncia-se "Uzo"), uma bebida à base de anis, é muito comum como aperitivo. Costuma ser servido com gelo e um pouco de água também, o que a deixa com aparência leitosa, como a dos "Pastis" ou "Pernod" da Paris da década de 1950. Não é uma bebida própria para harmonização de pratos, mas é um belo aperitivo. E, por falar em harmonização, vale lembrar aqui que os gregos produzem vinhos desde antes dos romanos e sabem muito bem o que fazem. E não existem apenas os tipos Retsina – vinho aromatizado com essência de pinho. Hoje, há na Grécia produtores de prestígio e vinhos muito bons. Para acompanhar as entradas frias, sugere-se, em função da sua acidez e dos toques minerais, o branco Thalassitis Gaia 2005, feito com a uva Assyrtiko em Santorini. Com as Dolmadákias, o Carneiro ou o Moussaka, as melhores opções são os tintos da uva Syrah, como o Gerovassiliou 2003, que tem a potência desejada para se harmonizar com a rusticidade dos pratos. Caso queira prestigiar os produtos brasileiros, experimente a acidez de um Sauvignon Blanc, da Miolo. Outra boa alternativa brasileira seria a estrutura de um Syrah de Petrolina, como o Paralelo 8.

restaurante da família grega no filme, são servidas as Dolmadákias, folhas de parreira enroladas com carne de cordeiro – similar ao charutinho que libaneses e sírios preparam. Favas gigantes com o inigualável azeite de oliva grego, purê de berinjelas e pasta de coalhada com pepino e alho dão início às refeições. Mas é o moussaka (aquele mesmo que a mocinha da história, quando criança, levava na lancheira) o prato mais emblemático da culinária grega. De fácil execução, é tão tradicional quanto os cordeiros assados inteiros, ao ar livre, e fatiados à medida que atingem o ponto de cozimento desejado. No filme, ele traduz a hospitalidade da família grega ao receber os futuros sogros da filha, reunindo as duas famílias em volta do mais autêntico churrasco grego. É então que vemos a mãe do noivo se exceder no aperitivo, deixar os preconceitos de lado e finalmente integrar-se ao clima festivo.

RECEITAS

Salada Grega (horiatiki salata)

CHEF CARLOS SIFFERT

No cardápio dos restaurantes gregos (e não gregos também), esta salada é apresentada em muitas versões. A tradicional exclui as folhas verdes, mas se você preferir poderá usá-las junto com os demais ingredientes.

Ingredientes

4 tomates maduros e firmes
1 pepino
1 pimenta dedo-de-moça (opcional)
1 cebola grande
1 pimentão verde
200 g de queijo feta em pedacinhos
1 colher de chá de orégano fresco
Sal a gosto
Azeite extravirgem
1 dúzia de azeitonas (gregas, de preferência)

Preparo

Lave e seque os tomates, o pepino e a pimenta. Descasque a cebola. Elimine as sementes da pimenta e corte-a em pedaços pequenos. Pique o tomate (sem sementes) em pequenos pedaços irregulares. Fatie o pepino e o pimentão, cortando as rodelas ao meio. Salgue. Polvilhe o orégano e regue com azeite. Junte a cebola cortada em anéis. Mexa bem. Na hora de servir, distribua os pedaços de queijo e as azeitonas sobre a salada.

Moussaka

CHEF CARLOS SIFFERT

Ingredientes
600 g de berinjela
1/2 xícara de chá de azeite de oliva
2 cebolas picadas
1/2 kg de carne bovina (ou de cordeiro), limpa e moída
3 tomates maduros, sem pele e sem sementes, picados
1 xícara de chá de vinho branco seco
1 colher de sopa de farinha de rosca
Sal, pimenta, canela e noz-moscada a gosto
2 ovos (claras e gemas separadas)
200 g de parmesão ou feta ralado grosso
500 g de molho branco ou béchamel

Preparo
Corte as berinjelas no sentido do comprimento em fatias finas. Salgue e deixe escorrer sobre uma peneira por 1 hora. Aqueça metade do azeite e doure as cebolas. Junte a carne e mexa bem, até tomar cor. Adicione os tomates e o vinho e tempere com sal, pimenta, canela e noz-moscada. Deixe em fogo baixo até a carne começar a secar. Retire do fogo e acrescente a farinha de rosca e as claras levemente batidas. Mexa delicadamente e reserve. Aqueça o restante do azeite e frite as fatias de berinjela. Escorra-as em papel absorvente. Em uma forma refratária, intercale camadas de berinjela e carne, finalizando com berinjela. Misture as gemas e metade do queijo ralado ao molho béchamel e espalhe a mistura sobre a última camada de berinjela. Polvilhe o restante do queijo e leve ao forno para gratinar. Sirva a seguir.

Taça de Purê de Damasco

CHEF HAMILTON MELLÃO

Ingredientes
Damasco seco (1 xícara de chá por pessoa)
Chantili ou sorvete de creme

Preparo
Hidrate os damascos, deixando-os de molho durante 45 minutos. Bata-os no liquidificador – adicionando, aos poucos, a mesma água usada para hidratá-los – até formar um purê. Coloque a mistura no fundo das taças, leve para gelar e enfeite com chantili ou sorvete de creme.

O Tempero da Vida

Um filme, assim como um prato de comida, resulta sempre melhor quando é feito com amor e paixão. Essa é uma lição que fica clara nesta história autobiográfica de Tassos Boulmetis, que nasceu em Constantinopla, em 1957, mudou-se para a Grécia em 1964 (refletindo as relações nem sempre plácidas e fáceis entre os dois países), estudou na UCLA americana com Bolsa da Fundação Onassis, e acabou se tornando um consagrado diretor de televisão. O curta *Dream Factory* (1990) rendeu-lhe oito prêmios internacionais e o fez optar pelo cinema, no começo publicitário. Este projeto, no qual ele atua como diretor, roteirista e co-produtor, era o sonho de sua vida.

Conta-se aqui a história de uma família de gregos que vivem em Constantinopla, na Turquia, mas é expulsa daquele país e tem de retornar à Grécia. Assim, o herói, Fanis, crescerá, se tornará um grande cozinheiro, e 35 anos depois retornará à cidade natal. Embora no Brasil o filme tenha passado em branco nas salas de cinema, acabou fazendo muito sucesso em DVD, e foi consagrado como o novo *Festa de Babette*, só que agora relacionado à culinária grega, exótica e apetitosa (é daqueles filmes que fazem você ficar morrendo de fome e gula!).

Quem estrela o filme é o ator grego mais famoso do momento, Georges Corraface. Nascido em Paris, interpretou Cristóvão Colombo, em 1992, no filme de John Glen. Ele faz o herói Fanis, na história da jornada de uma vida, que vai até a Istambul dos anos 1950. Aos sete anos, o menino recebe uma lição do avô de como assimilar o uso de temperos (especiarias). Ao longo do tempo, vemos os problemas políticos e humanos entre os dois países narrados de forma poética, tendo como palco os grandes almoços familiares, que sempre se tornavam enormes banquetes, repletos de incidentes e discussões.

O interessante, porém, é o uso de temperos e especiarias, que traz lições sobre a vida e a existência. Fanis, por exemplo, fala dos aperitivos: "Aperitivos são como histórias que nos falam de sabores e aromas distantes e nos preparam para uma viagem cheia de aventuras. Por isso, a palavra em grego para 'retorno' esconde dentro de si a palavra 'volta', que esconde por sua vez a palavra 'comida'". É um filme de partidas e retornos, despedidas e saudades, mas também de cheiros e cores, de sabores inusitados que nos deixam encantados. E de amor. Pela culinária, pelo país que o expulsou, por aquele que o acolheu, pela comida que une a todos no melhor e no pior.

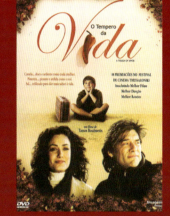

FICHA TÉCNICA
O Tempero da Vida (*A Touch of Spice* / *Politiki Kouzina*) **Grécia/Turquia, 2003. Direção e roteiro: Tassos Boulmetis. Elenco: Georges Corraface, Ieroklis Michaelidis, Renia Louizidou, Stelios Mainas, Tamer Karadagli, Basak Köklükaya, Tassos Bandis, Markos Osse. Música: Evanthia Reboutsika. Fotografia: Takis Zervoulakos. Montagem: Yorgo Mavropsaridis. Direção de arte: Olga Leontiadou. Imagem. 107 min. Disponível nas locadoras.**

Perfumes na tela

Como seria a gastronomia sem a presença das especiarias? Para Vassilis Boulmetis, personagem marcante do filme *O Tempero da Vida*, ela não teria o menor sentido. "Sem o perfume e o sabor das especiarias, nenhuma receita pode revelar seu potencial gustativo e espiritual", conjectura ele, enquanto arruma sua loja especializada em, é claro, especiarias. Para defender seu ponto de vista em relação à necessidade (que ele julga fundamental) de se usar canela nas almôndegas, Vassilis garante que "a canela faz as pessoas olharem umas nos olhos das outras, ao passo que o cominho (tradicionalmente usado nesse prato) deixa as pessoas introspectivas". Somando poesia, astronomia e especiarias, ele ensina ao neto Fanis a correspondência entre temperos e planetas, despertando no menino muita curiosidade e vontade de cozinhar. Mais que isso: vontade de realizar as próprias alquimias culinárias, coisa que não é bem-vista pela família.

O Tempero da Vida trata dos cheiros da memória, das lembranças da infância, do sabor e do perfume dos almoços nas casas das avós. Daquele gosto nunca mais encontrado em outra época ou em outro lugar, como você bem sabe. Usando a comida

Mercado de especiarias em Istambul. Foto: Zuza Homem de Mello

para falar de temas e sentimentos universais, o filme ainda consegue abordar a conturbada relação entre turcos e gregos, mostrando, por intermédio da culinária, as semelhanças entre as duas culturas de forma tão sutil quanto um inesperado toque de canela no preparo das almôndegas.

Os ingredientes da mesa turca são muitos semelhantes aos da gastronomia mediterrânea e da grega, em especial. A comida popular é praticamente igual nos dois países. A diferença é mais pronunciada nas mesas da elite turca, em que os pratos são enriquecidos com ingredientes mais caros e tradicionais. De forma geral, em ambas encontramos tomates, legumes frescos, azeite de oliva, carnes e peixes. O onipresente alho costuma ser acompanhado de uma infinidade de especiarias. Berinjela, nem se fala, vai à mesa quase todos os dias!

Existem quarenta receitas diferentes para prepará-las, e uma das mais tradicionais é o Imam Bayildi (berinjelas recheadas com tomates fritos, cebolas e alho). A carne de porco é quase inexistente na Turquia (seu consumo é proibido para os muçulmanos), mas, em compensação, a de carneiro é amplamente usada. Nos copos, vê-se sempre o refrescante Ayran (iogurte diluído em água, com uma pitada de sal e muito gelo). E, para fechar as refeições com chave de ouro, não pode faltar o célebre café turco, forte e aromático.

Usadas como condimento, moeda, perfume ou remédio, especiarias e ervas acompanham o homem, seus inventos e descobertas há milênios. Na enciclopédia *Larousse Gastronomique*, especiarias são definidas como "substâncias aromáticas vegetais, mais ou menos picantes ou perfumadas, usadas para temperar alimentos. As especiarias se distinguem das ervas aromáticas na medida em que seu sabor prevalece sobre o perfume". A maioria das especiarias é de origem oriental e chegou à Europa por intermédio dos bizantinos, que, desde o século IX, viram-se dificultados nesse comércio pelos muçulmanos. As Cruzadas fizeram com que o interesse pelas especiarias aumentasse, e o monopólio de sua distribuição pertenceu aos venezianos até o fim da Idade Média. As grandes navegações são uma das conseqüências do interesse pelas especiarias, pois visavam a sua busca fora do território veneziano. Novos produtos, como a baunilha e a noz-moscada, foram introduzidos no comércio – com seu preço se mantendo alto até o século XVIII, em particular aquelas que tinham poderes considerados medicinais. As modificações alimentares e a cultura em larga escala de algumas especiarias, como a pimenta, nas Ilhas Maurício e em Caiena, e o gengibre, no Brasil, fizeram com que os preços baixassem, juntamente com a diminuição de seu valor comercial. Mas seu uso não perdeu a importância, e elas continuam sendo número integrante de grande parte das receitas dos cozinheiros (amadores ou não) do mundo inteiro.

RECEITAS

Almôndegas Vassilis

CHEF CARLOS SIFFERT

Ingredientes
500 g de carne de boi ou de cordeiro
2 talos de cebolinha-verde bem picados
1 colher de café de canela
Sal e pimenta a gosto
1 colher de sopa de farinha de rosca
1 ovo batido
Orégano seco ou fresco a gosto

Preparo
Misture bem todos os ingredientes, faça as almôndegas do tamanho desejado e frite-as em óleo quente (mas não fumegante, para que cozinhem por dentro) até dourarem. Escorra em papel absorvente e sirva em seguida, acompanhadas de coalhada seca temperada com cebolinha-verde, hortelã, sal e azeite.

Cordeiro com Purê de Berinjelas (hunkar begendi)

CHEF CARLOS SIFFERT

Ingredientes para a carne

3 colheres de sopa de manteiga
700 g de carne de cordeiro (do pernil), bem limpa, em cubos
Ossos de cordeiro
1/4 xícara de cebolas picadas
1 1/2 xícara de tomate pelado, picado, com o suco
5 galhos de salsa
5 ramos de tomilho
1 folha de louro
2 cravos
Sal e pimenta a gosto
1 colher de sopa de óleo ou azeite

Preparo da carne

Derreta a manteiga junto com o óleo numa panela e nela doure os cubos de carne e os ossos de cordeiro até ficarem bem escuros; junte a cebola e continue dourando. Acrescente os tomates, as ervas e o cravo, um pouco de sal e pimenta. Mexa de vez em quando e verifique o nível de líquido (adicione mais, se necessário). Prove e corrija o tempero. Retire do fogo. Retire os ossos e as ervas do molho, inclusive o louro e o cravo. Reserve.

Ingredientes para o purê

2 berinjelas grandes ou 3 pequenas
Suco de 1 limão, espremido na hora
1 1/2 copo de água
80 g de manteiga
5 colheres de sopa de farinha de trigo
1 1/2 xícara de leite integral
1/2 xícara de creme de leite fresco
Sal a gosto
1/2 xícara de queijo ralado (gruyère ou parmesão)

Preparo do purê

Asse as berinjelas na grelha até ficarem bem macias. Coloque-as na pia até que estejam frias o suficiente para manusear. Numa vasilha grande, coloque água e o suco de limão. Descasque as berinjelas, retirando toda a pele queimada e um pouco das sementes. Jogue a polpa na água com limão; deixe de molho por 20 minutos ou até a hora de usar. Retire da água e esprema para sair o máximo de líquido. Pique a berinjela em pedacinhos. Derreta a manteiga numa panela, junte a farinha e cozinhe por 2 minutos. Junte a berinjela e cozinhe mais um pouco, até que se dissolva. Adicione então, aos poucos, o leite e o creme aquecidos, mexendo sempre. Tempere com sal e junte o queijo. Retire do fogo e mantenha aquecido.

Montagem

Sirva a carne sobre o purê de berinjelas quente, despejando um pouco de molho por cima.

Nos copos

Para o Cordeiro com Berinjelas e perfumes da infância de Fanis, uma ótima sugestão é o incomparável vinho grego Gaía Estate, da uva Agiorgítiko. Muito prestigiado na Europa, é, de fato, um vinho elegante e equilibrado, e remeterá Fanis de volta ao galpão de temperos de seu avô. Uma alternativa entre os vinhos brasileiros é o Ancelota da Dal Pizzol, amplo e frutado, que se harmoniza muito bem com a carne de cordeiro e também com a berinjela, graças às suas características frutadas, ao seu frescor e acidez balanceados.

Fuso Horário do Amor

Já houve um tempo em que persistia o mito da excelência da culinária nos aviões, ao menos na primeira classe. E, por extensão, nos aeroportos. Mas o mundo mudou demais, e tudo ficou rápido, simplificado no pior dos sentidos. O que nos faz lembrar também que deixamos de ter acesso ao instigante cinema europeu, como acontecia nas décadas de 1950 a 1970.

Fuso Horário do Amor é um bom "divertissement", uma comédia romântica com dois dos atores mais populares da França no momento. Binoche (prestigiada com um Oscar de coadjuvante por *O Paciente Inglês* e que tradicionalmente faz filmes e papéis mais sérios) e Jean Reno (geralmente fazendo vilões ou policiais, como em *Godzilla*, o novo *A Pantera Cor-de-Rosa* e *O Código da Vinci*). Por isso, parte do prazer do filme é encontrar os dois astros tentando mudar de gênero. Juliette Binoche interpreta uma mulher vulgar, empregada de salão de beleza. Ela e Jean Reno, que no filme faz o papel de um empresário estressado, dono de uma firma de alimentos congelados e refinado gourmet, são obrigados a conviver quando se tornam vítimas de outro mito de nossos tempos, infelizmente atualíssimo: o megacongestionamento no aeroporto Charles De Gaulle de Paris, ocasionado por greves e problemas com controladores de vôo!

Realizado e escrito por Caroline Thompson e seu filho Christopher (o pai dela é o diretor de comédias Gérard Oury, e a madrasta, Michele Morgan), o filme se baseia no encontro e na atração de opostos. Toda a trama se desenrola praticamente num único ambiente: o aeroporto onde Felix e Rose (a esteticista, Binoche, que mesmo cafona e excessivamente maquiada continua uma mulher charmosa, tem uma família comunista) se encontram, impedidos de prosseguir viagem. No início, eles brigam muito, mesmo quando Reno a protege na discussão com o ex-namorado, o violento Sergio (Sergi López). Mais tarde, ele a convida para passar a noite no quarto do hotel do aeroporto (e, aos poucos, a culinária será um dos fatores de aproximação, a tal ponto que a receita do prato especial – preparado por ele – consta nos letreiros no final do filme, um fato fora do comum). A situação

FICHA TÉCNICA
Fuso Horário do Amor (*Jet Lag / Décalage Horaire*).
França. 2002. Diretor: Danièle Thompson. Roteiro: Christopher Thompson e Danièle Thompson. Elenco: Juliette Binoche, Jean Reno, Sergi López, Scali Delpeyrat, Karine Belly, Raoul Billerey, Alice Taglioni, Jérôme Keen. Música de Eric Serra. Fotografia: Patrick Blossier. Montagem: Sylvie Landra. Direção de arte: Michèle Abbé. Europa Filmes. 85 min. Disponível nas locadoras.

FUSO HORÁRIO DO AMOR

inusitada permite que eles se conheçam melhor e se aproximem. Finalmente, acaba a greve e cada um toma seu caminho (ela está indo para o México, Acapulco, onde irá trabalhar, e ele, para o enterro da mãe de uma ex-mulher). Claro que não vamos contar o final. Basta dizer que o filme é simpático, romântico, divertido, em especial para quem, como nós, aprecia a dupla e as razões que aproximam e unem um casal.

Sedução na cozinha

Usar as panelas como arma de sedução costuma ser uma prática eficiente, já que os prazeres compartilhados geram confissões, fazem barreiras desaparecer e preparam o corpo e a alma para novos prazeres. Isso fica bem claro quando o gourmet e chef Felix, protagonista do filme, suborna o porteiro para usar a cozinha do hotel e conquistar Rose. Em fogo baixo, claro.

A receita, o filme dá aos poucos, enquanto fala sobre gastronomia. Uma de suas frases é "Tenho medo do medíocre misturado ao complicado", o que imediatamente nos faz lembrar outra, de Gualtiero Marchesi, o chef que renovou a cozinha italiana entre as décadas de 1970 e 1980: "Um cozinheiro deve ser como um músico que aprendeu a tocar, que conhece as notas musicais e com elas compõe e executa qualquer partitura". No caso da cozinha, isso significa também adaptar-se ao local e aos ingredientes disponíveis, criando uma sinfonia equilibrada de sabores.

Beber e cozinhar bem depende de bom senso, e chef Felix mostra que aprendeu a lição: na falta do vinagre balsâmico, usa gotas de molho de soja; improvisa porque sabe o que faz, porque conhece as notas. Dentro da cozinha ele está no seu habitat, e isso é fácil constatar enquanto ele tempera, corta, cheira, flamba, se envolve e revela segredos, seus e da receita. Mais que isso: faz com que Rose se sinta musa e acredite que aquele prato está sendo feito especialmente para o prazer dela. Poucas mulheres resistem a tanto, especialmente quando ele serve um champanhe enquanto cozinha.

Só os que nunca experimentaram champanhe dizem que o cachorro é o melhor amigo do homem. Basta a primeira taça para enfraquecer as eventuais defesas e estabelecer uma boa comunicação. E tem mais: um bom champanhe faz o mais convicto dos ateus começar a acreditar na existência de Deus.

Existem as exponenciais francesas, mas isso não quer dizer que você não possa oferecer um espumante prosecco italiano ou um chandon nacional sem passar vergonha. Mas atenção para o alerta de Shakespeare: um pouco de bebida estimula o sexo. Quando em demasia, pode comprometer irremediavelmente a performance.

Os caprichos do champanhe

Sempre

- Coloque a garrafa (e as taças) num balde com água e gelo por 15 minutos antes de servir.
- Se você for pego de surpresa, acelere o processo e chegue mais rapidamente ao ponto ideal de resfriamento (entre 5 e 7 graus) acrescentando à água do balde um pouco de sal e de álcool.
- Segure a taça pela base, para não esquentar a bebida.
- Na hora de servir, coloque o polegar na depressão do fundo da garrafa, apoiando-a com a mão, como fazem os grandes sommeliers.
- Para estabelecer um clima íntimo de imediato, tente desvendar, com a sua convidada, os cheiros e sabores contidos no champanhe. Uma dica: eles geralmente têm bouquet de avelã e sabor floral. Procure descobrir outros.

Nunca

- Abra o champanhe como se você fosse um campeão de Fórmula 1. Depois de retirar o lacre de proteção e o arame, encaixe a rolha entre o polegar e o indicador e gire-a para cima até que ela se liberte sem soltar muito gás.
- Use aquelas taças rasas de antigamente. Prefira os flûtes, altos e estreitos, desenvolvidos para evitar a dispersão das bolhas.
- Encha a taça de uma só vez. Faça a operação em duas etapas, deixando a espuma baixar para então completar a taça.
- Guarde champanhe na geladeira, a menos que você tenha uma comemoração por dia. Lá dentro, a probabilidade de o sabor se alterar é maior.
- Guarde eventuais (e improváveis) sobras para o dia seguinte, mas use-as apenas para cozinhar.

RECEITA

Coxas de Rã
"comme il faut"

CHEF HAMILTON MELLÃO

Ingredientes
12 coxas de rã
Sal e pimenta do moinho
70 ml de azeite de oliva
2 dentes de alho picados
2 xícaras de salsa picada
2 cenouras descascadas
30 g de manteiga
50 ml de creme de leite

Preparo
Tempere as coxas de rã com sal e pimenta. Numa frigideira, coloque 30 ml de azeite e adicione o alho picado. Junte as coxas de rã e frite-as dos dois lados. No liquidificador, bata a salsinha com o azeite restante e tempere com sal e pimenta. Cozinhe a cenoura e passe-a pelo processador. Numa panela, adicione a manteiga, a cenoura processada e mexa. Junte o creme de leite, em fogo baixo, até atingir a consistência de purê. Tempere com sal e pimenta.

Montagem
Espelhe os pratos com o molho de salsinha e azeite. Coloque as coxas de rã no centro do prato. Disponha duas colheres de purê na borda do prato.

Maria Antonieta

O Oscar de figurinos (para a excelente italiana Milena Canonero, de *Carruagens de Fogo* e *Barry Lyndon*) é a única honraria que parecia merecer esta biografia que foi notoriamente vaiada no Festival de Cannes e fracassou (em crítica e bilheteria) nos Estados Unidos, simplesmente porque americano não gosta de fitas históricas – ainda mais sobre outros países que não o seu. No entanto, é uma produção muito cuidada, muito bem-feita, tendo acesso raro ao Palácio de Versalhes como locação. Mas, como ficou claro no filme anterior da diretora, o superestimado *Lost in Translation* (*Encontros e Desencontros*, 2003), a caçula de Francis Ford Coppola (que assina como produtor executivo e defende o filme), Sofia, não sabe contar direito uma história. Trata-se de um filme impressionista, que vai acumulando fatos e situações sem ter diálogos mais elaborados ou uma dramaturgia sólida (mesmo que algumas frases historicamente famosas sejam jogadas com naturalismo de fazer inveja às telenovelas da Globo). Parece mesmo uma sucessão de clipes, nos quais os personagens não têm a oportunidade de se expressar e os fatos históricos passam rapidamente ou são arbitrariamente esquecidos.

Segundo Sofia, ela não quis recontar os fatos históricos (usou como base o livro biográfico de Antonia Fraser e o de outra francesa, Evelyne Lever, como base histórica). A diretora deve ter pensado que o grande achado era colocar uma menina da idade do personagem, ou seja, não uma mulher feita, mas uma adolescente (no caso, Kirsten Dunst, atriz de *Homem-Aranha*). Ela precisava demonstrar o drama de uma estrangeira na corte francesa, despreparada para a vida e o poder, num lugar onde

MARIA ANTONIETA

FICHA TÉCNICA

Maria Antonieta (*Marie Antoinette*) **Estados Unidos, 2006. Direção e roteiro: Sofia Coppola. Elenco: Kirsten Dunst, Jason Schwartzmann, Rip Torn, Aurore Clément, Marianne Faithfull, Steve Coogan, Judy Davis, Shirley Henderson, Molly Shannon, Asia Argento. Fotografia: Lance Acord. Montagem: Sarah Flack. Direção de arte: K. K. Barrett, Anne Seibel, Pierre Duboisberranger. Sony Pictures. 123 min. Disponível nas locadoras.**

é desprezada pelo marido, o Rei (desinteressado por sexo), e onde é vítima das intrigas e de uma política em crise que desconhece – e que não faz o menor esforço para entender (e que o filme também não explica, mesmo sendo essa jovem fútil a vítima mais famosa da guilhotina).

Ou seja, ao afirmar que o filme faz um paralelo com a futilidade da juventude moderna, Sofia parece estar falando de si, tendo em vista que foi incapaz de pintar um retrato mais concreto da sociedade de uma época tão importante (afinal, surgia a Revolução Francesa e com ela os direitos dos cidadãos!). Tampouco foi capaz de retratar a mulher, ou o ser humano. Ao enfatizar a banalidade, fez um filme mortalmente tolinho que é perfeito ao retratar os doces e os rituais do Palácio, uma espécie de desfile com jeito de escola de samba (pois, como nos desfiles, por vezes fica difícil entender quem entra, quem sai e que papel tal pessoa teve na história da França). Pinta um retrato altamente superficial de uma personagem e de uma época muito importante.

O que nos interessa, porém, é que o filme traz algumas constatações. Entre elas, a de como a culinária se tornou importante na sociedade americana, talvez influenciada pelo canal a cabo Food Network. E que o visual da comida precisa ser agradável aos olhos, numa apresentação tão luxuosa quanto o desfile de moda de *O Diabo Veste Prada*. Para isso, o filme contratou um famoso chef francês, Marc Meneau (dono de L'Espérance em Vezelay, na região de Burgundy), que supervisionou as apresentações suntuosas dos banquetes – que deveriam ser coerentes com a visão da direção de arte, e, também, deveriam sempre parecer bonitos e frescos, mesmo diante da quente iluminação nos sets de filmagem. Tinham também o dever de ser historicamente corretos (o filme toma liberdades com outros detalhes, como usar música pop de fundo, mas não na recriação da comida).

Afinal, a comida em *Maria Antonieta* ganhou um aspecto simbólico, ilustrando o hedonismo da vida na corte de Versalhes numa época em que praticamente todo o país passava fome. Todo mundo no filme está constantemente comendo, e a diretora de arte Anne Seibel exigiu que a comida refletisse também o sentido da história. No começo, ela é opulenta e muito colorida, mas vai se tornando cinzenta e triste quando as coisas começam a dar errado. Os jantares fazem parte do ritmo e das mudanças da vida e da narrativa.

O chef Meneau, conhecido por ter reproduzido os suntuosos banquetes do filme *Vatel* (2000), desta vez teve a obrigação de criar refeições que combinassem com a decoração do Palácio de Versalhes e resistissem ao ambiente das filmagens. Assim, alguns dos doces são falsos, e foi a famosa pâtisserie parisiense Ladurée que contribuiu com as diferentes tortinhas e docinhos que a rainha parece estar sempre beliscando. De tal forma, corre-se o risco de o filme passar para a história e ser lembrado mais por sua gastronomia do que por seu valor cinematográfico.

Pobre menina rica

Se o número de calorias ingeridas diariamente fosse proporcional ao nível de felicidade, a realeza da França nos séculos XVII e XVIII teria sido a elite mais feliz do planeta. Com um detalhe: além da fartura e da ostentação, a qualidade dos doces e salgados era inigualável. Grande parte das sobremesas, geléias e licores servidos na corte era produzida nos conventos, como é o caso dos macarons, pequenos biscoitos doces à base de amêndoas, cuja receita (trazida da Itália por Catarina de Médicis, em 1533) era guardada a sete chaves pelas freiras do Sagrado Coração de Nancy. Preparados exclusivamente para consumo próprio e da realeza, os macarons só se "democratizaram" depois da Revolução Francesa, em 1789. Hoje globalizados, são apreciados no mundo inteiro, mas ainda mantêm seu formato original, apesar das versões modernas, perfumadas com novos ingredientes.

Além dos macarons, os brioches também eram largamente consumidos nos palácios – enquanto, nas ruas, o povo passava fome. Mas aquela famosa frase atribuída a Maria Antonieta ("Se eles não têm pão, que comam brioches") não passa de lenda. Os registros históricos desfazem o equívoco, garantindo que ela não era tão alienada assim e que jamais teria dito tal coisa.

É consenso, entre os historiadores, que a rainha se preocupava com a situação dos pobres. Em uma das cartas que ela escreveu à mãe, chega a comentar o alto preço do pão: "Tendo visto as pessoas nos tratarem tão bem, apesar de suas desgraças, estamos ainda mais obrigados a trabalhar pela felicidade delas", ponderou Antonieta. Nem essa consciência, contudo, alterou a pompa dos hábitos alimentares palacianos que Sofia Coppola se esmerou em reproduzir. Algumas cenas

nos remetem à Ilha da Fantasia, onde nos vemos cercados de doces por todos os lados.

A forma de apresentar os pratos também chama a atenção: a maioria deles (doces ou salgados) é disposta de maneira que sugere esculturas verticais ou em forma de pirâmide. Seria mais um sinal de opulência ou apenas modismo? Difícil responder.

Naquela época, era comum batizar uma nova receita com o nome da favorita do rei. A condessa Du Barry, ou Mme. Du Barry, ex-prostituta e amante de Luís XV, foi homenageada com diversos pratos feitos à base de couve-flor, que ainda hoje levam seu nome. O mais conhecido deles é a Couve-flor com Molho Cremoso. Mas os protagonistas gastronômicos do longa *Maria Antonieta* são mesmo os bolos e doces elaborados, ricamente enfeitados com frutas, muito creme e até pétalas de rosas. Essas e outras tentações fizeram a rainha, literalmente, perder a cabeça.

Em dia com os fatos da época

• **A maionese,** como Maria Antonieta, nasceu no século XVIII. Sua criação é atribuída ao duque de Richilieu, que depois de conquistar Mahon, na ilha de Minorca, em 1756, batizou com o nome de mahonnaise o molho de sua invenção. Mas, segundo outros autores, Richilieu teria simplesmente trazido de Mahon a receita que lá provara.

• **A porcelana,** até então trazida da China a alto custo, começava a substituir a faiança à mesa. Em 1750 é inaugurada na França a manufatura de Sèvres.

• **O albergue-taverna La Tour d'Argent,** que havia sido fundado em 1582, passa a servir, no século XVIII, menus da table d'hotel. Hoje, continua no mesmo local de origem, no Quai de la Tournelle.

Nos copos

Para acompanhar as delícias feitas de açúcar, a sugestão são os champanhes do tipo demi-sec que levam de 3% a 5% de liqueur d'espedition. Os mais indicados são: Bollinger Tradition, Don Pérignon, Krug, Roederer Cristal e S de Salon. No Brasil também temos ótimas alternativas (reconhecidas até por enólogos das grandes maisons francesas), como o Salton Evidence ou o Caves Geisse, desenvolvidos a partir das castas Chardonnat, Pinot Noir e Riesling Itálico.

RECEITAS

Brioches

CHEF FABRICE LENUD

Ingredientes
1 kg de farinha de trigo
100 g de açúcar
25 g de sal
30 g de fermento fresco
12 ovos
600 g de manteiga
50 ml de água de flor de laranjeira

Preparo
Na batedeira, junte e misture a farinha, o açúcar, o sal, o fermento e os ovos. Bata por 5 minutos e junte a manteiga em cubinhos e a água de flor de laranjeira. Leve à geladeira por 12 horas antes de usar. Depois de modelar, deixe os brioches crescerem por uma hora, pincele com um ovo inteiro e asse em forno preaquecido a 180ºC.

Macarons

CHEF FABRICE LENUD

Massa Básica

Ingredientes
280 g de açúcar de confeiteiro
160 g de farinha de amêndoas
130 g de claras (aproximadamente claras de 4 ovos)
30 g de açúcar comum

Preparo
Peneire juntos o açúcar de confeiteiro e a farinha de amêndoas. Bata as claras com o açúcar até obter um suspiro bem firme. Misture delicadamente o corante desejado: rosa para framboesa, verde para pistache e café líquido para o sabor café. Aos poucos, e com delicadeza, incorpore a mistura peneirada. Coloque uma folha de silpat sobre uma assadeira e ponha-a dentro de outra assadeira. Com um saco de confeitar e bico liso médio, pingue a massa com distância de 5 cm entre os macarons. Leve imediatamente ao forno preaquecido moderado (220ºC) durante 10 minutos. Retire a assadeira de baixo e asse mais 5 minutos. Retire e deixe esfriar. Com uma espátula, retire os macarons da assadeira e recheie com o creme desejado. Os macarons já recheados poderão ser conservados no congelador pelo prazo de 1 semana.

Macarons de Chocolate

Ingredientes
260 g de açúcar de confeiteiro
160 g de farinha de amêndoas
20 g de cacau em pó
130 g de claras (aproximadamente claras de 4 ovos)
30 g de açúcar

Preparo
Peneire juntos o açúcar de confeiteiro, a farinha de amêndoas e o cacau. Repita o processo anterior (massa básica).

Recheios para Macarons

Recheio de Ganache

Ingredientes
200 g de chocolate meio-amargo, bem picado
100 g de creme de leite fresco

Preparo
Ferva o creme de leite, derrame sobre o chocolate picado e mexa até obter uma mistura lisa, brilhante e homogênea.

Outros Recheios

Ingredientes
400 g de açúcar
150 ml de água
200 g de claras (aproximadamente claras de 5 ovos grandes)
600 g de manteiga cortada em cubinhos

Preparo
Leve o açúcar e a água para ferver até 121ºC (ponto de bala). Enquanto isso, bata as claras e junte-as à calda, continuando a bater até esfriar. Batendo sempre, acrescente os pedacinhos de manteiga aos poucos. Misture, então, o sabor desejado. Esta receita pode ser dividida em quatro porções.

Veja algumas sugestões para recheio:
- Framboesa: 300 g de creme de manteiga + 50 g de framboesas congeladas.
- Pistache: 300 g de creme de manteiga + 50 g de pasta de pistache.
- Café: 300 g de creme de manteiga + 20 g de extrato de café.
- Avelã: 300 g creme de manteiga + 50 g de pasta de avelã.

Turbot com Terrine de Legumes, Coroa de Aspargos e Folhas de Ouro

CHEF MARIANA VALENTINI

Turbot

Ingredientes
4 filés de turbot
1 colher de sopa de azeite extravirgem
Sal e pimenta-do-reino branca a gosto

Preparo
Grelhe os filés no azeite em uma frigideira antiaderente, temperando com sal e pimenta-branca. Reserve.

Terrine

Ingredientes
300 g de polenta branca ou semolina
300 ml de caldo de legumes
300 ml de leite
2 colheres de sopa de manteiga
4 colheres de sopa de queijo ralado
2 colheres de sopa de salsinha picada
2 cenouras em brunoise (cubinhos)
2 cenouras em tirinhas (feitas com descascador de legumes)
6 pepinos em tirinhas (só a casca, feitas com descascador de legumes)
Sal a gosto

Preparo
Aqueça os líquidos em uma panela. Quando ferver, acrescente a semolina, mexendo sempre até engrossar bem (cerca de 10 minutos em fogo médio). Acrescente os outros ingredientes (menos as tirinhas), prove o tempero e reserve. Ferva por 1 minuto as tirinhas de cenoura e a casca de pepino e em seguida mergulhe-as em água gelada para que não percam a cor. Unte forminhas individuais com azeite e forre-as com as tirinhas, intercalando as cores. Encha as forminhas com a semolina ainda quente e deixe as terrines em local fresco até esfriarem.

Coroa de Aspargos

Ingredientes
32 pontas de aspargo fresco
Azeite extravirgem
2 dentes de alho picados
Folhas de ouro
4 tirinhas de cenoura
Sal e pimenta-do-reino branca

Preparo
Cozinhe aspargos frescos, salteie-os em azeite extravirgem e alho picado. Tempere com sal e pimenta-do-reino. Amarre-os com a tirinha de cenoura, formando uma coroa. Decore com folhas de ouro.

Montagem
Monte os filés sobre a terrine, e em cima de cada filé coloque a coroa de aspargos. Decore com pesto de ervas e castanhas picadas (opcional).

As Férias da Minha Vida

É curioso ver um diretor como o chinês Wayne Wang, que sempre fez filmes pessoais e polêmicos – como *Sem Fôlego*, *O Centro do Mundo*, *O Clube da Felicidade e da Sorte* – realizar uma fita que é basicamente um veículo para o recém-adquirido estrelato de Queen Latifah, uma ex-*rapper* gorda, exuberante, charmosa e divertida. É uma refilmagem de uma comédia de 1950, de Alec Guinness, que por sua vez é inspirada em roteiro do célebre escritor J. B. Priestley, o mesmo de *An Inspector Calls* (*Um Inspetor Chegou lá em Casa*). A idéia, porém, foi utilizada muitas vezes sem crédito. É sobre uma pessoa comum que é diagnosticada erroneamente e, portanto, teria poucas semanas para viver. Resultado? Estoura suas economias na viagem de seus sonhos.

Neste filme, a personagem é uma negra, vendedora de grande magazine, que freqüenta igreja e canta no coro batista e sonha em ter um romance com um colega de trabalho. Quando descobre estar doente de forma terminal, pega um avião e vai para a cidade de Karlov Vary, na Tchecoslováquia (hoje República Tcheca), onde acontece um famoso festival de cinema que nunca tinha sido mostrado antes nas telas. É uma estação de esqui fotogênica, com belos hotéis e, na história, mostra um clima natalino. Depois, a cidade apareceu em *Cassino Royale* (Martin Campbell, 2006), de James Bond.

O interesse da nossa protagonista é conhecer seus ídolos, chefs famosos, em particular um francês que trabalha naquele hotel e de quem se torna amiga, o chef Didier (Gérard Depardieu). Obviamente, podemos aqui contar o final, mais que evidente: o diagnóstico foi um erro e a heroína não estava doente. Poderá, então, voltar e dar a volta por cima, depois de ter se emancipado e se afirmado.

É justamente esse o lado que nos interessa: a constatação de que o mundo mudou o suficiente para permitir que uma negra americana de classe média tenha acesso aos prazeres da alta cozinha. E, ainda por cima, uma mulher madura que foge dos padrões convencionais de beleza. Ou seja, as novas cinderelas não querem apenas casar e ter filhos, mas podem ter o sonho legítimo de se tornar grandes chefs de cozinha (um pouco como a Mônica, da série de TV *Friends*). Por outro lado, não é a comédia rasgada, a farsa que parecia ser pelo trailer, mas uma comédia romântica sobre amor, redenção, como ser aceito por milionários e empregados, bastando para isso ser boa e atenciosa (no hotel, ela vai conhecer seu antigo patrão milionário, pretensioso e bobo, vivido por Timothy Hutton).

Altamente previsível, bastante fotogênico e bem-humorado, o filme é endereçado à clássica

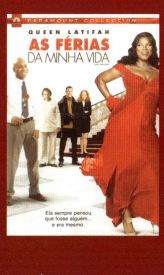

FICHA TÉCNICA
As Férias da Minha Vida (*Last Holiday*). **Estados Unidos, 2006. Direção: Wayne Wang. Coprodução: Robert Zemeckis. Roteiro: Jeffrey Price e Peter S. Seaman (baseado em roteiro de J. B. Priestley). Elenco: Queen Latifah, L. L. Cool J., Timothy Hutton, Alicia Witt, Giancarlo Esposito, Gérard Depardieu, Jane Adams. Música original: George Fenton. Fotografia: Geoffrey Simpson. Montagem: Deidre Slevin. Paramount. 112 min. Disponível nas locadoras.**

AS FÉRIAS DA MINHA VIDA

freqüentadora habitual das salas de cinema, as mulheres. E, nos Estados Unidos, para o público negro – que as estatísticas dizem ser os espectadores mais assíduos dos cinemas. É uma importante constatação de que cozinhar deixou de ser vergonha e símbolo de escravidão da dona de casa comum para virar justamente o oposto, prova de ascensão social, de bom gosto, de requinte e de libertação feminina.

Tradição e sabor

No cinema, gastronomia é um assunto levado a sério. Nos *food films* do século XXI, mais ainda. Depois das muitas invencionices gastronômicas surgidas nas últimas décadas, o gosto pelo tradicional ressuscitou, nas telas e fora delas, como se vê no sucesso dos filmes e restaurantes que apostaram nessa tendência. Unir tradição e contemporaneidade parece ser mesmo uma receita campeã.

Em *As Férias da Minha Vida*, a efervescente cozinha de um luxuoso hotel europeu é o cenário onde o chef Didier Gunther executa pratos clássicos em cardápios mudados diariamente para evitar que os hóspedes possam se queixar de uma indesejada "monotonia alimentar". O problema de Didier é que nem todos os clientes – apesar de terem grande poder aquisitivo – têm a sensibilidade necessária para compreender as sinfonias de sabores elaboradas por ele.

Na cozinha, chegam pedidos inesperados (alguns com a justificativa de dietas), que desvirtuam as receitas e deixam Didier enfurecido: "Querem que eu faça um risoto sem manteiga?". O chef, irritado com a obsessão moderna da boa forma e da longevidade, se pergunta como é possível resumir a fonte da eterna juventude numa colher de azeite de oliva. O que não deixa de ser uma crítica mordaz e bem-humorada às dietas, mediterrâneas ou não, agora globalizadas.

Para ele, o segredo da vida é a manteiga. É claro que nessa afirmação está subentendido que o segredo da vida é o prazer, a alegria de uma boa refeição feita sem culpa e sem contabilização de calorias, de preferência compartilhada, para enaltecer o "presente" que abastece o corpo e a alma. E a alma desse cozinheiro que despreza modismos só poderia mesmo optar por servir os pratos clássicos da cozinha internacional: o Cassoulet nada "light", o Rouget na manteiga, o Pernil de Cordeiro ao Molho de Laranja ou o Fricassée de Mer – que de "diet" não tem nada.

O chef Didier parece ter muito em comum com Depardieu. Ambos são comilões assumidos, mas o ator/restaurateur/vinicultor Depardieu vai mais longe e louva também os prazeres de Baco: "Não tomo vinho para me embriagar nem para esquecer. Adoro beber porque fico de bom humor".

RECEITAS

Crème Brûlée

Chef Benny Novak

Ingredientes
500 ml de leite
500 ml de creme de leite
1 fava de baunilha aberta ao meio ou 1 colher de chá de essência de baunilha
12 gemas grandes
150 g de açúcar
Açúcar extra para queimar

Preparo
Em uma panela de fundo grosso, coloque o leite e o creme de leite com a fava de baunilha (ou a essência) dentro. Ferva e abaixe o fogo, deixando cozinhar por 5 minutos. Retire as favas, raspe as sementes no leite e espere esfriar. Bata os ovos com o açúcar até obter uma pasta de cor pálida e homogênea. Coloque um pouco do leite nos ovos, misture, depois adicione o restante do leite. Coloque a mistura em pequenas cumbucas refratárias, leve ao forno preaquecido a 140°C, em banho-maria, por 40 minutos. Retire, espere esfriar e leve à geladeira por uma noite, pelo menos. Na hora de servir, espalhe açúcar sobre o creme e queime com um maçarico.

Cassoulet

CHEF BENNY NOVAK

Ingredientes

1 kg de feijão branco (previamente deixado de molho por 1 noite)
800 g de barriga de porco fresca
6 lingüiças portuguesas
100 g de gordura de pato ou banha de porco
1 cebola em fatias
7 dentes de alho em fatias
1 cenoura pequena cortada em cubos
2 colheres de sopa de extrato de tomate

Tempero para cozimento do feijão

1 cebola cortada ao meio
1 cabeça de alho
20 grãos de pimenta-preta
1 maço pequeno de salsinha
Tomilho fresco
Nota: esses ingredientes devem ser envolvidos em gaze e amarrados.

Preparo

Coe o feijão, descartando a água. Coloque-o em uma panela grande, junte a barriga de porco e os temperos devidamente amarrados. Cubra com água fria, coloque um pouco de sal e leve à fervura, escumando de tempos em tempos. Abaixe o fogo e deixe cozinhar até o feijão ficar macio e cozido. Deixe esfriar por uns 20 minutos. Descarte o tempero. Retire a barriga de porco, corte-a em cubos de 5 cm e reserve. Coe o feijão e reserve o líquido.
Em uma frigideira, doure as lingüiças portuguesas em gordura de pato. Reserve.
Na mesma frigideira, refogue a cebola, a cenoura e 1/3 da barriga de porco, cortada em cubos pequenos, até começar a dourar. Coloque o alho e deixe por mais 1 minuto, até o alho murchar, mas sem amorenar. Leve ao processador junto com uma concha do feijão cozido. Processe até obter uma pasta homogênea. Se estiver muito grosso, adicione um pouco do caldo do cozimento do feijão e reserve. Em uma panela grande, coloque o feijão, misture com o restante da barriga de porco, coloque a pasta de feijão processada, adicione o extrato de tomate, misture bem. Junte o caldo do cozimento do feijão e deixe ferver. Transfira para um refratário, coloque as lingüiças portuguesas cortadas ao meio dentro do feijão. Leve ao forno preaquecido a 160°C por 1 hora. Sugestão: sirva com confit de pato.

Nos copos

Para o Cassoulet do chef Didier, uma boa sugestão é o vinho brasileiro Ancelota da Dal Pizzol, que tem complexidade e estrutura compatíveis com a riqueza do prato. Mas como o Cassoulet é um prato típico do Cahors, terra da Malbec francesa, conhecida também por "Côt", outra feliz indicação é o Vinho Le Prestige Château du Cédre 1997, rústico frutado de boa acidez.

Volver

No Oscar 2006, *Volver* conseguiu apenas uma indicação, de Melhor Atriz, para Penélope Cruz, e nem ficou entre os finalistas de Melhor Filme em Língua Estrangeira. Longe de ser o mais premiado filme de Almodóvar, é provavelmente um de seus trabalhos mais pessoais, mais sensíveis, mais espanhol.

Ao sair do cinema, o público pode ter a sensação de não ter visto uma obra-prima do naipe das outras que o diretor espanhol Pedro Almodóvar nos acostumou a ver a cada dois anos (numa sucessão que vem desde *Carne Trêmula,* em 1997, seguido por *Tudo sobre Minha Mãe* e *Fale com Ela*). Por outro lado, *Volver* permanece conosco e, tempo depois de tê-lo assistido, ainda ficamos cantarolando a canção-título (velho sucesso de Gardel, dublado por Penélope). Ou lembrando cenas. Ou seja, pode ter sido um caso de expectativa excessiva. De menor impacto.

O fato é que Almodóvar é mesmo o maior diretor vivo e em ação, com um universo muito particular e original – sem medo de ser pessoal e sem virar exatamente autobiográfico. Não conta aqui sua vida, mas revive um universo que conheceu e sentiu: o mundo de mulheres que viviam em cidadezinhas do interior da Espanha, mais particularmente da sua região, a Mancha (a mesma de Dom Quixote) e em que, como no filme, a visita a um riacho era o momento mais feliz de sua infância.

Volver é sobre o mundo das mulheres, seu comportamento solidário diante das tragédias da vida, sua força, seu sofrimento silencioso, sua determinação. Em seus primeiros filmes, Almodóvar tinha um olhar crítico mais cáustico. Agora, continua a abordar o chamado melodrama, ou seja, os fatos dramáticos, porém com mais sutileza, com mais ternura. Na história se sucedem reviravoltas que alegrariam qualquer autor de telenovela. São

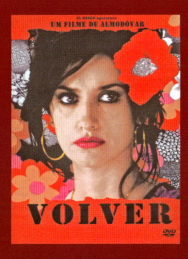

FICHA TÉCNICA
Volver (*Volver*) Espanha, 2006. Direção e roteiro: Pedro Almodóvar. Elenco: Penélope Cruz, Carmen Maura, Lola Dueñas, Blanca Portillo, Yohana Cobo, Chus Lampreave, Antonio de La Torre, Carlos Blanco. Trilha musical: Alberto Iglesias. Fotografia: José Luis Alcaine. Montagem: José Salcedo. Diretor de arte: Salvador Parra. Fox. 121 min. Disponível nas locadoras.

VOLVER

segredos de família escondidos a sete chaves, aparições de mortos (em que todos acreditam e não discutem), vidas sem futuro que são expostas em programas de televisão. Mas tudo com tanta simplicidade e verdade que se tornam irresistíveis.

O grande destaque do filme é, sem dúvida, Penélope Cruz, mais Sophia Loren do que nunca, para quem o filme foi especialmente escrito (na verdade, todo o elenco feminino central ganhou prêmio coletivo em Cannes, o que não deixa de ser surpreendente, e também justo). Até porque, como já foi dito, é um filme muito feminino, sobre um mundo em que a gente se sente *voyeur*, espreitando o comportamento de uma jovem do interior que agora está casada e tem uma filha adolescente. Um dia, porém, ela chega em casa e encontra o marido morto justamente pela filha. Logo depois, descobrimos que a filha não é dele (a menina não sabia, achou que o pai estivesse tentando estuprá-la). Uma decisão, então, se impõe e complica as coisas: Penélope (Raimunda) vai esconder o corpo num frigorífico até enterrá-lo à beira do rio, sempre com a ajuda das amigas. Enquanto isso, ela abre um *catering* (serviço de comida) improvisado para alimentar uma equipe de cinema. Durante esse tempo todo há, como contraponto, a história de uma irmã que vive no interior e que recebe a visita do fantasma da mãe delas, que teima em não ir embora (o papel é justamente de Carmen Maura, que já havia feito cinco filmes com Almodóvar. Depois de *Mulheres à Beira de um Ataque de Nervos*, os dois brigaram feio e só agora se reconciliaram). Outra figura marcante é a vizinha da tia do interior, uma mulher solitária, que sofre de câncer e aguarda dignamente o fim.

Foi um grande acerto deixar o nome em espanhol, porque o filme é muito peculiar, muito impregnado da cultura espanhola. Não é à toa que a protagonista, Raimunda, abre um restaurante improvisado. Almodóvar quis mostrar também um panorama da cozinha espanhola, ou manchega. São mulheres que têm uma obsessão real por comida. Toda a vida delas gira em torno do que preparar, do que servir, do que comer. Curiosamente, Almodóvar recrutou suas duas irmãs, Maria Jesus e Antonia, como consultoras e cozinheiras (que trabalhavam no próprio set), ajudando a tornar o restaurante de Penélope mais realista com suas tortillas, ponches e creme caramel. Elas ajudaram a criar uma regra: toda vez que acabavam uma filmagem, a equipe inteira avançava na mesa para devorar os pratos. Ou seja, Almodóvar acaba usando a comida como símbolo de comunidade.

Assim é *Volver*, que, com sua história simples, humana, delicada, mostra um Almodóvar maduro. Impossível não assistir, não gostar, não se envolver.

Planeta Almodóvar

Quando Raimunda vai à feira comprar os ingredientes do primeiro almoço para seus clientes da equipe de filmagem, a tela torna-se rubra. São dezenas de tomates suculentos, despertando nossa gula com seu tom vermelho, vibrante e sensual, bem ao gosto de Almodóvar.

Variada e (quase) anárquica, apresentando receitas algumas vezes heterogêneas, a cozinha espanhola reflete a complexidade geográfica da Península Ibérica, com suas variações de clima, economia e história. Em *Volver* foram suprimidos dois dos pratos mais representativos do país: a Paella e o Gazpacho, já mostrados anteriormente em outros filmes do diretor. Dessa vez, ele optou pela morcilla, pela tortilla, pelas carnes de veado e de porco e, com algumas saladas, construiu o cardápio do primeiro almoço servido no filme.

Numa cena próxima ao final inesquecível, Penélope Cruz, representando a dona de casa familiarizada com a cozinha e que, a essa altura, já fez dela sua profissão, desenforma um pudim de leite com a segurança e a técnica de uma chef experiente. A calda dourada do caramelo escorre pela borda do prato, perfeita. Essa imagem traduz as soluções de todos os conflitos, esclarece as verdades camufladas, simbolizando o doce final de um hino à cumplicidade feminina criado pelo maestro Pedro Almodóvar. Quem conseguiria recusar ao menos uma fatia?

A tortilla de batatas é muito popular na Espanha e pode ser servida quente ou fria, como acompanhamento de carnes, entrada ou mesmo como petisco fora do horário das refeições. Os mais aficcionados chegam a consumi-la até no café da manhã! A receita básica é composta apenas de ovos, batatas e sal, mesmo que outros ingredientes como cebola, alho, chorizo, presunto e até alcachofras possam ser incluídos. Mas, atenção para não confundir a tortilla espanhola com a mexicana, cuja receita é à base de milho e totalmente diferente da primeira.

RECEITAS

Fritada de Batata (tortilla de patata)

CHEF ALLAN VILA ESPEJO

Ingredientes
1/2 kg de batata
1 litro de óleo
3 ovos
Sal

Preparo
Descasque as batatas e corte-as ao meio no sentido do comprimento. Corte meias-luas da espessura de uma moeda. Aqueça o óleo numa frigideira antiaderente, grande e funda. Frite as batatas em fogo lento. Quando estiverem macias, retire e escorra. Bata os ovos. Junte as batatas, misturando bem para que o ovo envolva todas elas. Tempere com sal. Aqueça um fiozinho de óleo na frigideira e coloque a mistura. Cozinhe em fogo baixo por 5 minutos. Com o auxílio de um prato, vire a fritada e cozinhe por mais 5 minutos em fogo baixo. Sirva a seguir.

Sugestão: se usar azeite de oliva para fritar, a tortilla ficará mais saborosa.

Variação: acrescente aos ovos batidos 1/2 xícara de chá de leite e 1/2 colher de sopa de páprica doce.

Mojitos

CHEF HAMILTON MELLÃO

Ernest Hemingway, um mestre das palavras e dos copos, dizia que o Mojito "é o drink perfeito para se embriagar à beira-mar". Ao som de uma salsa, de preferência. Apesar de cubana, a bebida foi eleita por Almodóvar como a estrela da festa de *Volver* e tem uma legião de apreciadores em todo o mundo.

Ingredientes
1 dose de rum branco
6 gotas de suco de limão
1 colher de chá de açúcar
1 garrafinha de Club soda
10 folhas de hortelã frescas

Preparo
Em um copo longo, coloque as folhas de hortelã, o açúcar e, com um socador, pressione levemente para macerar e extrair o perfume e o sabor da erva. Acrescente o rum, o suco de limão, muito gelo picado e mexa bem. Complete com Club soda e decore com um ramo de hortelã.

Pudim de Leite

Chef Waldete Tristão

Ingredientes
8 ovos
2 latas de leite condensado
2 latas de leite integral
2 xícaras de açúcar
1 xícara de água

Preparo
Bata todos os ingredientes no liquidificador, exceto o açúcar e a água, e reserve a massa.
Coloque o açúcar em uma panela de fundo grosso e, mexendo sempre, espere que ele adquira a cor de caramelo. Acrescente a água e deixe que ferva até atingir o ponto de fio. Forre a forma de pudim com a calda e adicione a massa. Asse, tampado, em banho-maria no forno com temperatura média. Depois de 1 hora, retire a tampa e mantenha no forno até que fique dourado. Ele estará pronto quando, ao espetá-lo com um palito, este sair seco.

Ação de Graças no Cinema

Existem duas instituições norte-americanas que são inseparáveis: o peru e a festa de Thanksgiving (Ação de Graças). Na verdade, é preciso explicar que o Dia de Ação de Graças é um feriado não religioso e exclusivo daquele país. Tudo começou em 1620, quando um grupo de peregrinos deixou a Europa em busca de liberdade religiosa e acabou desembarcando nas praias de Plymouth, no Estado de Massachusetts. A comida escassa e as baixas temperaturas do inverno acabaram por matar quase a metade deles. Os índios ensinaram os peregrinos a caçar, pescar e a cultivar plantas nativas. Quando a primeira boa colheita aconteceu, o governador achou por bem celebrar o dia na companhia dos índios (de quem eles roubaram as terras!), de amigos, parentes e agregados. Ali aconteceu o primeiro Thanksgiving Day, e a reunião implicava saborear festivamente patos e perus.

Por muitos anos, o Dia de Ação de Graças não foi instituído como feriado nacional, sendo observado como tal em apenas certos Estados americanos – como Nova York, Massachusetts e Virgínia. Em 1863, o então presidente dos Estados Unidos, Abraham Lincoln, declarou que a quarta quinta-feira do mês de novembro seria o dia nacional de Ação de Graças. A tradição é que nesse dia toda a família se reúna, mesmo que ela esteja espalhada pelos quatro cantos do país ou do mundo.

Cena do filme "Feriados em Família".

Feriados em Família (*Home for the Holidays*). **EUA, 1995.** Direção: Jodie Foster. Roteiro: W. D. Richter (baseado em história de Chris Radant). Elenco: Holly Hunter, Anne Bancroft, Charles Durning, Geraldine Chaplin, Robert Downey Jr, Dylan McDermott, Steve Guttenberg, Claire Danes, Cynthia Stevenson, David Strathairn, Amy Yasbeck. Música: Mark Isham. Fotografia: Lajos Koltai. Montagem: Lynzee Klingman. Direção de arte: Andrew McAlpine. Polygram. 103 min.

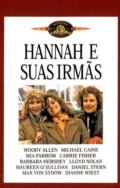

Hannah e Suas Irmãs (*Hannah and her Sisters*) Estados Unidos, 1986. Direção e roteiro: Woody Allen. Elenco: Michael Caine, Woody Allen, Mia Farrow, Maureen O'Sullivan, Lloyd Nolan, Dianne Wiest, Barbara Hershey, Carrie Fisher, Max Von Sydow, Daniel Stern, Julia Louis-Dreyfus. Fotografia: Carlo Di Palma. Montagem: Susan Morse. Direção de arte: Stuart Wurtzel. Fox. 107 min.

What's Cookin'? EUA, 2000. Direção: Gurinder Chadha. Roteiro: Gurinder Chadha e Paul Mayeda Berges. Elenco: Mercedes Ruehl, Kyra Sedgwick, Alfre Woodard, Julianna Margulies, Joan Chen, Victor Rivers, Lainie Kazan, Maury Chaykin. Música: Craig Pruess. Fotografia: Jong Lin. Montagem: Janice Hampton. Direção de arte: Stuart Blatt. Trimark/Flashpoint. 109 min.

AÇÃO DE GRAÇAS NO CINEMA

Naturalmente o cinema não poderia esquecer essa celebração, que foi mostrada em uma centena de filmes. Procuramos alguns dos mais representativos, como *Feriados em Família*, de Jodie Foster, um dos mais típicos. Ele mostra como nessa época do ano já faz frio, há congestionamento nos aeroportos e nas estradas, e também como esse reencontro familiar é o momento perfeito para lavar a roupa suja e acertar as contas com os parentes. Foi seu segundo – e até agora mais recente – filme como diretora, e ela escolheu como protagonista (para viver Claudia Larson) a atriz premiada com o Oscar, Holly Hunter (*O Piano / The Piano*, Jane Campion, 1993), que é especialmente difícil de provocar empatia. Seu papel é o de uma restauradora de pinturas antigas que está prestes a ser despedida do emprego pouco antes de partir para visitar a família. Um sentimento é compartilhado por seu chefe – que dá a mensagem do filme, dizendo: "Meu Deus, odeio os dias de Festas". Mais tarde, esse desprezo será confirmado pela matriarca da família, Adele Larson (Anne Bancroft), quando afirma: "Estou agradecendo a Deus por termos de passar por isso novamente só daqui a um ano. Exceto que esses bastardos puseram o Natal bem no meio, só para nos punir". Ou como diz cinicamente Claudia: "Nós somos família, não precisamos gostar uns dos outros". Embora o peru esteja presente e seja objeto de todos os cuidados, o conflito maior do filme é o fato de um dos filhos, Tommy (Robert Downey Jr), além de ser homossexual, também ter se casado com seu companheiro (que está ausente, trabalhando) diante das câmeras da TV. Parece que o medo do reencontro familiar é tão forte que o fez até se esquecer dos prazeres da mesa.

Este feriado é focalizado também em outro filme, mais famoso, que também começa e termina em duas festas de Ação de Graças: *Hannah e Suas Irmãs*,

Abaixo e na página seguinte, cenas do filme "Hannah e suas Irmãs".

de Woody Allen. Realizado no auge da fama do diretor, o filme é inteligente, profundo e reconfortante no humanismo de suas três protagonistas: as irmãs Mia Farrow, Barbara Hershey e Dianne Wiest. O narrador é Michael Caine, que vive o papel de marido de Mia, uma atriz que está retomando a profissão, e que se diz apaixonado pela cunhada Barbara (Caine ganhou o Oscar de melhor ator coadjuvante pelo papel. Aliás, o filme também levou o Oscar de roteiro original e o de atriz coadjuvante para Dianne).

Com sutileza, sem lições de moral ou ativismo, o filme tem um encantador ar familiar (ele foi rodado no próprio apartamento de Mia, então companheira de Allen, e com a mãe dela, a ex-estrela Maureen O'Sullivan representando uma variante de si própria). O amor tem seus altos e baixos, a vida tem suas peripécias, mas ninguém tira o amor daquela família por opção, não apenas por sangue, mas composta por amigos e agregados, como deve ser. Apesar de judia, a família prepara e se delicia com os pratos tradicionais e os doces irresistíveis.

Mas é ainda outro filme, *What's Cookin'* (bem menos conhecido), que presta a homenagem definitiva à gastronomia. Nunca foi lançado comercialmente no Brasil e quem assina a direção é uma mulher de origem cosmopolita, Gurinder Chadha. Nascida no Quênia, filha de indianos, estudou em Londres e obteve sucesso posteriormente com a comédia *Driblando o Destino* (*Bend it Like Beckham*, 2002), um filme sobre futebol feminino. O ponto de partida de *What's Cookin'* é semelhante ao de *Feriados em Família* e seu slogan era: uma celebração de comida, tradição e relativa insanidade.

A proposta de *What's Cookin'* é mostrar a crise naquele feriado em diversas famílias de origens raciais diferentes (só ao final vamos descobrir que elas são vizinhas no mesmo bairro de classe média).

Temos a família latina, liderada por Lizzy (Mercedes Ruehl) que, pressionada pelos filhos, naquele dia é obrigada a tolerar o retorno do ex-marido machão e prepotente, apesar de já ter um novo namorado. Temos a família vietnamita, em que a mãe Trinh (interpretada pela chinesa Joan Chen) sofre o conflito de costumes, vendo o filho se tornar marginal e a filha se emancipar (eles são os mais simplistas na alimentação, optando por *fast-food*). E ainda temos a família judia, na qual o velho casal de pais faz o possível para conviver com a visita da filha Rachel (Kyra Sedgwick), que trouxe para casa sua namorada lésbica (Julianna Margulies) e, mais ainda, com a surpresa de ela esta grávida de um doador gay. Finalmente, há a família de afro-americanos, que é liderada por um político (Dennis Haysbert) em conflito com o filho mais novo que não deseja fazer universidade. Outro conflito é a traição conjugal que a esposa Audrey (Alfre Woodard) tenta perdoar. Ao final, um disparo de arma faz todos se unirem. Parece trágico? Nem tanto. Porque de todos estes filmes, *What's Cookin'?* (*O Que Está Cozinhando?*, título de duplo sentido) é o que mais nos interessa. É também o que melhor faz jus à proposta deste livro.

> O purê de yam (um tubérculo típico do sul dos Estados Unidos, semelhante à nossa batata-doce) é tradicional no Thanksgiving. Ele cozinha rápido, tem cor de abóbora e é temperado com manteiga, noz-moscada, cebolinha, sal e pimenta. Seu sabor agridoce faz um perfeito contraponto com a carne do peru. No Brasil, costumamos substituí-lo por batata-doce caramelada, uma opção igualmente saborosa.

Aproveitando as diferentes culinárias e culturas, abre um leque apetitoso (a edição em DVD americana chega a trazer algumas receitas), mas sempre nos lembrando do extraordinário poder de cura que o amor exerce.

Turkey Day – O dia do peru

Boa parte dos americanos faz a digestão do banquete desse feriado assistindo ao futebol pela televisão. Isso porque, nos Estados Unidos, o Dia de Ação de Graças é celebrado também com o esperado jogo entre dois populares times da NFL (*National Football League*). A enorme audiência dessa partida no feriado tornou o futebol mais uma tradição do Thanksgiving Day, além dos luxuosos desfiles, aquelas paradas que levam o povo às ruas, apesar do frio. Nas mesas, não pode faltar o peru, que dá ao Thanksgiving Day o nome de Dia do Peru (*Turkey Day*). Ao lado da ave, há a presença do seu inseparável coadjuvante, o molho gravy (feito com o que fica na assadeira depois que a ave é assada). Espigas de milho, purê de yam, damascos, geléia de cramberry e noz-pecã são alguns dos acompanhamentos mais usados. E o jantar só é considerado completo se tiver, como sobremesa, a pumpkin pie (torta de abóbora), ou a torta de maçã, ou ainda a pekan pie (torta de noz-pecã).

O dia seguinte, a sexta-feira pós-Thanksgiving Day, é a chamada Black Friday (sexta-feira negra), quando acontece uma megaliquidação do comércio em Nova York. As filas se formam bem cedo nas portas das lojas, para aproveitar a "queima" das mercadorias remarcadas. De uns tempos para cá, os novaiorquinos passaram a ir cada vez menos, mas, em compensação, o número de turistas e de latinos e orientais residentes na cidade triplicou nas filas.

O peru no Brasil

Aqui no Brasil, o "dia do peru" é tradicionalmente o Natal, e, se você está se perguntando como isso foi instituído, temos de admitir que o cinema é um dos maiores responsáveis por esse hábito, mais um exemplo de seu poder como difusor de costumes. De tanto assistirmos aos filmes norte-americanos que mostravam a família reunida em torno do peru no Dia de Ação de Graças, acabamos por imitar o cardápio. Pergunte aos mais velhos se eles se lembram das ceias de Natal que experimentaram na infância e você verá que o peru não estava lá. Mas o lombo de porco, sim. Olhando ainda mais para trás, vemos que a nossa primeira celebração de Natal aconteceu na Bahia, com encenação de presépio e ao som de berimbau – segundo o jesuíta Fernão Cardim (*Tratados da Terra e da Gente do Brasil*). O pintor Jean Baptiste Debret descreveu o Natal que via no Rio de Janeiro (entre 1816 e 1831) como "época de troca de presentes comestíveis – aves, caças, compotas, doces, leitões, licores e vinhos". Durante o Império, os portugueses imprimiram seus gostos e tradições, e nossas mesas se sofisticaram com a inclusão da galinha à cabidela, do leitão assado, do pato, das rabanadas e das castanhas portuguesas. Aos poucos, fomos adaptando receitas, que se misturaram às dos colonos e imigrantes de outros países, e criando as nossas próprias.

Independentemente do dia – seja o do Natal ou do feriado norte-americano –, o peru é um prato "agregador". Ninguém prepara um peru para comer sozinho, certo? Então, melhor chamar os amigos e a família, porque a receita é fácil, saborosa, e sempre é hora de comemorar as coisas boas da vida, de preferência com um brinde. No caso do peru, escolha (e gele) um bom rosé.

RECEITA

Peru Recheado

Chef Waldete Tristão

Ingredientes

1 peru de aproximadamente 4 a 5 kg
2 copos de vinho branco
1 cebola cortada em quatro
2 dentes de alho
1 ramo de salsinha
1 ramo de cebolinha
1 folha de louro
1 colher de sopa de tomilho
2 colheres de sopa de manteiga mais 1 colher
de manteiga para o molho
3 colheres de sopa de mel

Preparo

Se comprado congelado em supermercados, descongele o peru conforme as instruções da embalagem. Misture o vinho aos temperos e deixe o peru de molho nessa mistura por 12 horas. Insira a manteiga, espalhando-a bem, sob a pele da ave, recheie (veja ingredientes e modo de fazer a seguir), e espalhe o mel por todo o peru. Asse-o em forno quente, coberto com papel-alumínio, por 3 horas, aproximadamente, regando algumas vezes com a marinada. Retire o papel-alumínio e deixe corar em forno brando por mais 1 hora. Na assadeira, depois de retirado o peru, acrescente água fervente, 1 colher de manteiga, deixe reduzir, acerte os temperos e sirva esse molho para acompanhar a ave.
Pode-se servir o peru também com legumes, chutneys (veja sugestão de molho na página 182), milho cozido, batata-doce caramelada (veja na página 182 como fazer a calda) e arroz selvagem.

Recheio do Peru

Ingredientes

3/4 xícara de chá de cebola bem picadinha
2 xícaras de chá de salsão picado (talo e folhas)
1 xícara de chá de manteiga
8 xícaras de chá de cubos de croissant, pão integral
e broa de fubá misturados
2 colheres de chá de sálvia picadinha
1 colher de chá de tomilho
8 damascos picados
1 xícara de chá de uva passa preta
Sal e pimenta-do-reino moída na hora

Preparo

Doure rapidamente a cebola na manteiga. Acrescente o salsão e refogue. Junte os pães, as frutas, as ervas e tempere a gosto.

Molho de Frutas Vermelhas

Ingredientes
2 colheres de sopa de cebola picada
1 colher de sopa de manteiga
1 xícara de chá de geléia de frutas vermelhas (os americanos usam geléia de cramberry)
1 xícara de chá do caldo que se formou na assadeira onde foi assado o peru
1 cálice de licor de laranja
Sal e pimenta-do-reino a gosto
Raspas de laranja a gosto
2 colheres de sopa de uvas passas pretas (opcional)

Preparo
Doure a cebola bem picadinha em manteiga. Junte a geléia e o caldo. Tempere com licor, sal e pimenta-do-reino moída na hora. Para finalizar, aromatize com raspas de casca de laranja e acrescente as uvas passas. Sirva o molho em uma molheira, acompanhando a carne.

Calda para Caramelizar a Batata-doce

Ingredientes
1/2 colher de chá de raspas de casca de laranja
1 xícara de chá de suco de laranja
1/2 xícara chá de melaço
Sal a gosto
1 pau de canela e ervas de sua preferência

Preparo
Misture todos os ingredientes e leve ao fogo baixo até atingir a consistência desejada.

Biografias

Nilu Lebert

Jornalista diversas vezes premiada, trabalhou como editora por onze anos na Editora Abril. Desde 2001, atua na área de jornalismo gastronômico e exerceu o cargo de editora convidada na revista *Comer* entre 2003 e 2005. Colabora para várias publicações com matérias sobre gastronomia. Para a Imprensa Oficial do Estado, escreveu as biografias dos atores Sergio Viotti e Beatriz Segall. Atuou como assessora de imprensa da marca Phytoervas. Cria e organiza eventos gastronômicos e culturais para diversas empresas. Foi responsável pela produção executiva da peça teatral *Inseparáveis* (texto de Maria Adelaide Amaral, teatro FAAP, São Paulo). Como Rubens (seu amigo de longa data), é apaixonada pelo bom cinema e pela boa comida. Tanto assim que a idéia deste livro surgiu entre a entrada e a sobremesa de um fabuloso jantar que ambos prepararam, como aqui, a quatro mãos.

Foto: Álvaro Elkis

Rubens Ewald Filho

Este é o vigésimo sétimo livro de Rubens Ewald Filho e o primeiro que faz em parceria, uma experiência feliz que ele gostaria de repetir. Afinal, o autor é cinéfilo de tradição e gourmet por convicção (costuma ser tão rigoroso na crítica de uma comida quanto na de um filme). Com quarenta anos de profissão, Rubens é um pioneiro na imprensa brasileira, pois foi o primeiro a escrever sobre filmes na TV, sobre vídeo e, depois, sobre DVD. Foi o primeiro crítico a trabalhar numa televisão por assinatura (a Showtime, da TVA, e depois se tornou diretor de programação e produção da HBO Brasil). Também fez cinema como ator e roteirista, escreveu telenovelas (a mais premiada foi *Éramos Seis*, em duas versões, na Tupi e no SBT) e atualmente é diretor teatral em sucessos como *Querido Mundo* e *Hamlet Gashô*. Também é conhecido como o Homem do Oscar, depois de comentar vinte e duas vezes a festa para o Brasil.

Consultor Didú Russo

Apaixonado por vinhos, Eduardo Granja Russo (Didú Russo) escreve sobre o assunto desde 1992. Atualmente é vice-presidente da Confraria dos Sommeliers, colunista de vinhos da revista *RSVP–CARAS* e colaborador da revista *GULA*. Passou por diversos veículos de comunicação do Brasil, entre eles, revista *Manchete*, *Gazeta Mercantil*, Editora Globo, Editora Abril, TV Record e SBT. Dá aulas e consultoria em enologia em todo o país e é autor do livro *Nem Leigo Nem Expert*, lançado em 2006.

Chef Adriano Kanashiro

Com uma faca na mão e mil idéias na cabeça, o sushiman paranaense Adriano Kanashiro faz da criatividade sua marca registrada. Aos 19 anos deixou sua Londrina natal para aprender a fazer sushi na Liberdade, o bairro oriental paulistano. Disciplinado, passou de auxiliar de peixeiro a sushiman em quatro meses. A maturidade por trás do balcão, no entanto, só foi alcançada vários anos depois. Além de sushiman de mão-cheia, Kanashiro é um gourmet sem preconceitos – o que, segundo ele, "é um requisito para manter o processo de criação a todo vapor". Atualmente, ele é responsável pelas delícias do restaurante Kino, do Gran Hotel Hyatt, em São Paulo.

Chef Alessandro Segato

No Brasil desde 1995, foi chef dos restaurantes Gero e La Tambouille, em São Paulo. Natural de Rovigo, cidade próxima a Veneza, cursou a Escola de Hotelaria Instituto Alberghiero, situada em Adria (Veneza). De 1989 a 1990, esteve na França, nos restaurantes Chez Serge, La Gracienne e Al Pino. Nos anos seguintes trabalhou na Alemanha, no restaurante Aubergine e foi chef do Il Borgo, em Munique. Atualmente, é chef e proprietário dos restaurantes La Risotteria e Passaparola, em São Paulo.

Chef Mara Salles

Mara Salles inaugurou seu restaurante Tordesilhas em 1990 e, ao longo desses dezessete anos de funcionamento, a casa recebeu numerosos prêmios da crítica especializada e aprovação maciça do público. No cardápio estão pratos clássicos das diferentes regiões brasileiras, cuja preparação obedece ao receituário original. Pesquisadora incansável, Mara não abre mão de ingredientes autênticos, que reúne em suas muitas viagens pelo país. Do aperitivo ao café, todos os produtos são nacionais, porém só entram na casa aqueles de qualidade testada e aprovada pela chef.

Chef Maria Emília Cunali

Maria Emília exercia as funções de *personal* chef antes mesmo de saber da existência desse cargo. Criava cardápios para festas de amigos e da família e sempre fez da própria cozinha um laboratório experimental. Dez anos atrás, a paixão por cozinhar e comer bem a levou a abrir o próprio bufê, profissionalizando assim uma paixão nascida na infância. Vale dizer que essa paixão é muito bem "alimentada" pelas viagens que a chef faz constantemente, visitando diversos países em busca de ingredientes e técnicas novos.

Chef Mariana Valentini

Com apenas trinta anos, a jovem chef Mariana Valentini já tem dez de profissão. Recém-chegada da Itália, onde foi se especializar em cozinha toscana, ela alterna o trabalho como chef do restaurante La Risotteria Alessandro Segato, com suas duas colunas de gastronomia e seu blog, onde conta o dia-a-dia da cozinha e as inquietações de uma cozinheira apaixonada pelo que faz.

Chef Hamilton Mellão

Com formação em hotelaria e cozinha, Hamilton Mellão Jr. despontou na década de 1980 com empreendimentos inovadores, como a Rosticceria e a Pizzeria I Vitelloni. É chef do restaurante Sallvattore, dá aulas de culinária, presta consultoria a outros estabelecimentos e escreve para diversas revistas. "Hoje, minha cozinha busca o basilar; tento aparar os excessos para chegar à essência. Procuro no receituário da cozinha tradicional italiana elementos para esse despojamento. Creio que isso faça parte de um amadurecimento pessoal e profissional e, acima de tudo, é a motriz do profundo amor que me inspira dentro do ofício que escolhi", diz o chef.

Chef Juscelino Pereira

A arte de bem acolher os clientes, sugerindo a perfeita harmonização entre pratos e bebidas, sempre com simpatia e bom humor, fizeram de Juscelino um dos personagens da gastronomia paulistana mais conhecidos e queridos por todos. Depois de trabalhar no restaurante do Jockey Club, no St. Peter's Píer e no grupo Fasano, inaugurou em 2004 a própria casa, o restaurante Piselli. Além da maestria no salão, Juscelino é também presidente da Confraria de Sommeliers de São Paulo. É autor do livro *Da Ervilha ao Piselli*, uma narrativa de sua trajetória pessoal e profissional com texto assinado pela jornalista Suzana Barelli.

Chef Luciano Boseggia

Luciano está no Brasil há mais de vinte anos, quando deixou a Itália a convite da família Fasano e veio mostrar sua arte por aqui. Apaixonou-se pelo país e por uma brasileira e foi ficando... Didático e comunicativo, ele dá aulas em escolas e faculdades de gastronomia, presta consultoria a vários estabelecimentos e, ao longo da carreira, recebeu diversos (e importantes) prêmios. Quem o vê atravessando a cidade dirigindo sua moto percebe que ele não gosta de perder tempo e que leva a vida "em fogo alto". Pilotando os fogões, ele revela outra faceta da sua personalidade: mostra extrema paciência e precisão ao fazer alguns pratos, como o Timballo, apresentado aqui, que exige horas de concentração. Com isso, demonstra a "devoção" característica dos grandes chefs.

Chef Emmanuel Bassoleil

Nascido em Dijon, numa família de gourmets, Bassoleil desde sempre conviveu com os prazeres da boa mesa. Hoje, aos 47 anos, acumula uma vasta experiência como chef – que inclui até mesmo trabalhos em cruzeiros marítimos como chef saucier e sous chef. No Brasil desde 1988, esteve à frente de empreendimentos de sucesso, como o restaurante Roanne, e atualmente é chef do Hotel Unique em São Paulo e mostra todo seu talento no restaurante Skye.

Chef Erika Okazaki

Chef pâtissier e proprietária da Confeitaria Pain et Chocolat, Erika estudou sua arte na Califórnia e agora a exerce para adoçar a vida dos clientes. Entre 2001 e 2004, trabalhou em diversos restaurantes paulistanos (entre eles, o Cantaloup) e há três anos inaugurou a própria casa em parceria com Cecília Nishioka, então professora de Confeitaria da Universidade Anhembi-Morumbi.

Chef Fabrice Lenud

Francês de nascimento, Fabrice é um cidadão do mundo. Em Paris, ele trabalhou, entre outras casas, na prestigiada Dalloyau, uma das melhores confeitarias do mundo. Em Lyon, estreou na restauração com ninguém menos que Paul Bocuse, trabalhando no Collanges on Mont D'Or. Viveu na Índia e trabalhou durante seis anos no Marrocos, no Hotel-Castelo Mamounia, do rei do Marrocos. Em 2001, inaugurou, em São Paulo, a primeira Pâtisserie Douce France e, dois anos depois, uma filial.

Chef Allan Vila Espejo

Allan apaixonou-se pela cozinha ao observar as memoráveis paellas que sua mãe fazia aos domingos. Começou a vida trabalhando como analista de sistemas, mas logo trocou o paletó e a gravata pelo dolmã de chef. Sua paella é famosa: fez a maior já preparada no Brasil, que serviu 3.500 pratos. Atualmente, comanda doze restaurantes, entre cantinas, pizzaria e restaurantes de frutos do mar. E apresenta o programa diário *Mestre Cuca*, na Rede Mulher.

Chef Benny Novak

Em 1998, Benny Novak se formou como Chef de Cuisine pelo Le Cordon Bleu de Londres. Em Miami, foi subchef no Le Bouchon du Grove, onde exerceu a profissão ao lado dos chefs George-Eric Farge e Christian Ville. No Le Bouchon, aprimorou as técnicas tradicionais da culinária francesa, que privilegia o autêntico sabor dos alimentos. De volta ao Brasil, trabalhou com o chef Douglas Santi no restaurante Cantaloup, no restaurante Brooklin (com Rodrigo Martins), Namesa e D.O.M., de Alex Atala. Apaixonado por música, entre uma panela e outra o chef toca guitarra em uma banda de blues. Hoje, comanda seu restaurante, o Ici Bistrô, com a competência de um maestro experiente.

Foto: Mário Rodrigues

Chef Carlos Siffert

Carlos Siffert classifica sua cozinha como paulistana: "Ela reúne, como a cidade, características de vários lugares do mundo", diz o chef. Tudo isso é muito bem apurado na técnica francesa, adquirida em seus anos de formação na Europa. Carlos é formado pelo Hotel Management School Les Roches, Swiss Hotel Association, mas também passou um período em Nova York com Tom Colicchio, na Gramercy Tavern. Atualmente, é chef e proprietário do bufê Tambor Cozinha. Ministra cursos como professor convidado no Brasil e no exterior e é consultor da Casa Santa Luzia, da Condieta e do Club Paulistano em São Paulo. É um dos autores do livro *400 ml – Técnicas de Cozinha*.

Marie-France Henry

Marie-France praticamente nasceu dentro do restaurante La Casserole (fundado por seus pais na década de 1950). Hoje, o aconchegante bistrô do Largo do Arouche é comandado por ela, que desenvolve pessoalmente os cardápios, supervisiona a cozinha e é responsável pelo agitado calendário dos eventos. Marie-France cuida de todos os detalhes da casa e se recicla profissionalmente em suas constantes viagens ao Velho Mundo.

Foto: Vânia Toledo

Chef e consultor Mukesh Chandra

Mukesh Chandra, nascido em Luknow, na Índia, chegou ao Brasil em 1978, e é mestre em administração hoteleira pela Cornell University, além de ser piloto comercial e formado em Artes pela Universidade de Délhi. Em 1992, já no Brasil, inaugurou dois restaurantes indianos em São Paulo: o Govinda e o Ganesh. Em 1998, foi a vez do House of Siam (comida tailandesa), seguido do restaurante Forbidden City (de comida chinesa, aberto em 2003). Em 2006, inaugurou o Bali Coffee Shop, onde serve pratos asiáticos e internacionais. Segundo ele, "há uma enorme atração por parte dos brasileiros em desvendar os segredos da culinária exótica, especialmente a indiana". A receita do seu sucesso, diz ele, "é a mistura equilibrada dos temperos e especiarias que dão aroma, cor e sabor aos pratos, sem deixar que nenhum ofusque o outro".

Chef Roberto Strôngoli

Roberto Strôngoli, chef boulanger pós-graduado em biodiversidade dos alimentos pelo The French Culinary Institute, de Nova York, dedica-se a restaurar a crença de que fazer pães com fermentação natural é uma forma de louvar a vida e reinventar a alegria de viver. Seus pães e doces clássicos, porém com viés inovador, conquistaram de imediato uma fiel clientela, o que o obrigou a abrir uma nova filial do Le Pâtissier Boulangerie. Roberto leciona em diversas escolas e faculdades de gastronomia e presta consultoria a vários estabelecimentos em todo o país.

Chef Silvia Percussi

Para criar as receitas da Vinheria Percussi – seja para o restaurante, seja para a movimentada rotisserie –, Silvia se vale de todas as influências que a tornam uma cozinheira de mão-cheia: memórias de infância, lembranças de viagens, os presentes da natureza a cada estação do ano, os livros e seus seis sentidos. Isso mesmo, seis sentidos, pois a sensibilidade feminina é uma ferramenta importante quando se trata de criar novos pratos. Silvia, há 22 anos pilotando fogões da Vinheria Percussi, afirma que sua inspiração é a cozinha italiana de raiz, com destaque para os pratos da Ligúria, Toscana e Bérgamo.

Chef Thompson Lee

Chef e proprietário do Yoshi Sushi-Bar e Restaurante localizado em São Francisco Xavier, a 180 km de São Paulo, Lee também é professor. Ensina Culinária Asiática nas Universidades Anhembi-Morumbi, Universidade do Sagrado Coração (Bauru), Senac (Águas de São Pedro, Campos do Jordão e São Paulo) e Universidade do Vale do Itajaí (SC). Iniciou seu aprendizado nos Estados Unidos, onde sua família possuía um restaurante asiático. Chef profissional há mais de dez anos, atuou na rede de hotéis Blue Tree como chef de cozinha asiática.

Chef Waldete Tristão

Mineira de Abaeté, Waldete Tristão cozinha por pura paixão. É chef e administradora do restaurante A Cozinha, que foi batizado pela crítica como "o pequeno notável". Em São Paulo, Waldete já foi responsável pela cozinha do restaurante do MAM (Museu de Arte Moderna). Depois de supervisionar cada prato, ela costuma ir de mesa em mesa "para me nutrir com a opinião dos clientes. É a minha melhor recompensa", afirma a chef, que conclui: "Tenho sessenta anos, cozinho desde os treze. Vivo profissionalmente fazendo o que amo desde os trinta. Meu maior sonho é ter lucidez para me aprimorar sempre mais e cozinhar até o fim da vida".

Índice das Receitas

Almôndegas Vassilis, 145
Batatas duchesse, 68
Berinjela à parmiggiana, 97
Bhuna chicken, 132
Blinis com caviar e creme de leite, 39
Brioches, 156
Canela de vitela, 94
Capelete no caldo, 52
Cassoulet, 164
Coq au vin, 27
Cordeiro com purê de berinjelas, 146
Coroa de aspargos, 159
Coxas de rã, 151
Crème brûlée, 163
Creme chantili, 108
Creme pâtissier, 107
Crepes Suzette, 23
Doce de chocolate, 115
Frango ao vinho, 27
Frango indiano, 132
Fritada de batata, 169
Gattò al cioccolato, 115
Guacamole, 58
Horiatiki salata, 138
Hunkar begendi, 146
Lula recheada, 103
Macarons, 156
Manjubinhas in pastella, 51
Mil-folhas de brandade de bacalhau, 24
Mojitos, 171
Moqueca baiana, 18

Moussaka, 140
Mozarela empanada, 45
Pão doce da Tita, 59
Pato laqueado à moda de Pequim, 80
Peru recheado, 181
Pudim de leite, 172
Quindim, 16
Ragu napolitano, 46
Risoto de camarão, 86
Risoto de pesto, 85
Risoto de prosecco, 85
Rosbife com legumes, 66
Saint Honoré, 107
Salada de figos frescos, 120
Salada de papaia verde, 75
Salada grega, 138
Salmão assado, 65
Savarin, 37
Sopa de cogumelos, 63
Sopa nikomi udon, 32
Stinco di vitello, 94
Taça de purê de damasco, 141
Tagliatelli na manteiga em ninho de parmesão, 127
Terrine de legumes, 159
Timballo, 88
Tiramisù, 125
Torta de amêndoas, 68
Tortilla de patata, 169
Truta ao molho de açafrão, 121
Turbot, 159